DOSBARTH NOS 21-38

(Fersiwn y De/South Version)

FERSIWN NEWYDD

HELEN PROSSER A NIA PARRY

Argraffwyd gan Gwmni Argraffu Hackman Cyf., Tonypandy, Rhondda Cynon Taf

Diolch yn fawr i'r canlynol am eu cymorth

Cysodi: Lowri Morgan
Dylunio ac Arlunio: Corrie Chiswell

CYFLWYNIAD / INTRODUCTION

Croeso i 'Dosbarth Nos'. Welcome to 'Dosbarth Nos'. This course has been designed for those learners in classes that meet once or twice a week in South Wales. (A North Wales version is also available).

Each of the eighteen units has been divided into two sections – work that you will do in class with your tutor and a homework section. The homework section will help you reivse between lessons. To ensure further revision and get the best out of the course you should purchase the accompanying cassette. The cassette goes over the new sentence patterns introduced in each unit.

Learning Welsh is a lot of fun but at the same time demands commitment. Wherever you live in Wales, there are opportunities to hear, watch, read and speak Welsh outside your Welsh class. There are day schools and weekend courses, a magazine for Welsh learners, television and radio programmes and Welsh speakers with whom you can get plenty of practice.

If you would like further information on any of the above, then contact:

Siop Lyfrau CBAC
245 Rhodfa'r Gorllewin,
CAERDYDD
CF5 2YX

Ffôn: 029 2026 5063
        029 2026 5112

Ffacs: 029 2057 5987

Pob lwc! Good luck!

Mehefin 2001
(c) Cyd-bwyllgor Addysg Cymru (h)

NODYN I'R TIWTOR

Mae Awgrymiadau a Chyfarwyddiadau i gyd-fynd â'r llyfr hwn ar gael o Siop Lyfrau CBAC.

ISBN: 1 86085 481 8

Dosbarth Nos 21-38

CYNNWYS/*CONTENTS*:

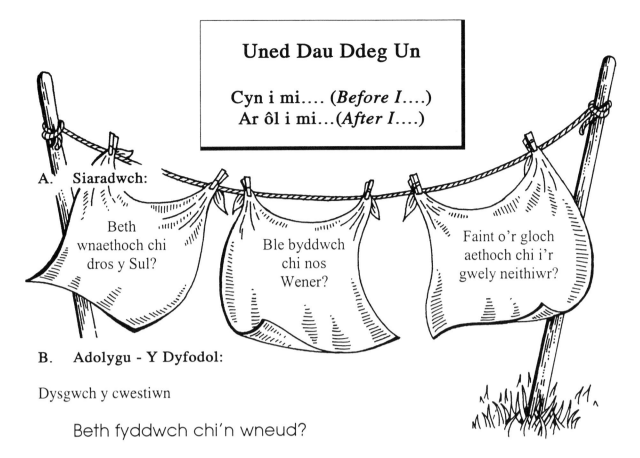

Uned Dau Ddeg Un

Cyn i mi.... (*Before I....*)
Ar ôl i mi...(*After I....*)

A. Siaradwch:

Beth wnaethoch chi dros y Sul?

Ble byddwch chi nos Wener?

Faint o'r gloch aethoch chi i'r gwely neithiwr?

B. **Adolygu - Y Dyfodol:**

Dysgwch y cwestiwn

Beth fyddwch chi'n wneud?

Gofynnwch y cwestiwn i bum person yn y dosbarth

Enw	Ar ôl y dosbarth	Fory	Nos Sadwrn	Dydd Sul

Ysgrifennwch beth fydd tri pherson yn ei wneud nos Sadwrn.

Enw   Beth

_____   _____

_____   _____

_____   _____

Nesa, edrychwch ar y tabl a dewiswch (*choose*) un gweithgarwch (*activity*) o golofn A ac un o golofn B. Dwedwch, e.e.

Bydda i'n gwisgo dillad gwyn.

Mae eich partner yn dyfalu beth ydy eich gweithgarwch yng ngholofn B. (*Your partner guesses your activity in Colofn B.*)

Fyddwch chi'n mynd i briodas?   ✗ Na fydda
Fyddwch chi'n chwarae tenis?   ✓ Bydda

COLOFN A	COLOFN B
gwisgo dillad gwyn (*white*)	garddio (*garden*)
gwisgo siwt	edrych ar y teledu
gwisgo welingtons	mynd i barti
gwisgo menig (*gloves*)	mynd i briodas (*wedding*)
gwisgo ffedog (*apron*)	mynd i ddisgo
prynu bwyd	gwrando ar gerddoriaeth (*listen to music*)
eistedd ar y soffa	chwarae tenis
ymlacio yn y gadair (*chair*)	mynd i glwb nos
dawnsio	mynd i Eisteddfod
yfed gwin	coginio
prynu dillad newydd	golchi llestri

C. Cofiwch:

RHAID I MI FYND

ROEDD RHAID I MI FYND

Siaradwch

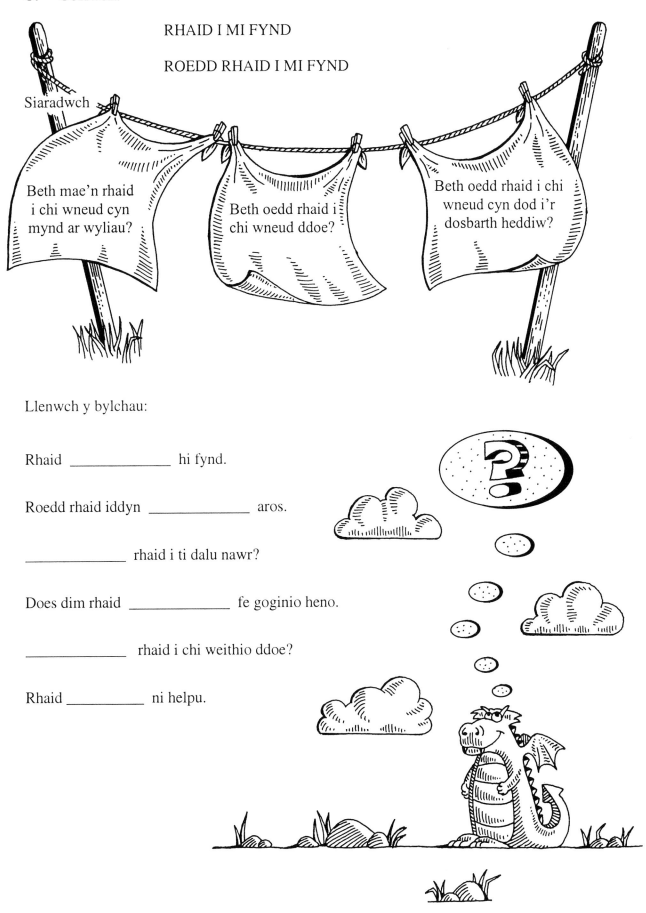

Beth mae'n rhaid i chi wneud cyn mynd ar wyliau?

Beth oedd rhaid i chi wneud ddoe?

Beth oedd rhaid i chi wneud cyn dod i'r dosbarth heddiw?

Llenwch y bylchau:

Rhaid _____ hi fynd.

Roedd rhaid iddyn _____ aros.

_____ rhaid i ti dalu nawr?

Does dim rhaid _____ fe goginio heno.

_____ rhaid i chi weithio ddoe?

Rhaid _____ ni helpu.

Dysgwch nawr,

BYDD RHAID I MI FYND

Byddwch chi'n brysur iawn fory. Ysgrifennwch beth fydd rhaid i chi wneud yn y dyddiadur isod:

DYDDIADUR

9.00am _____   5.00pm _____

11.30am _____   7.00pm _____

1.00pm _____   9.00pm _____

3.30pm _____   11.00pm _____

Nawr, gofynnwch i aelodau eraill beth fydd rhaid iddyn nhw wneud. Y cwestiwn ydy:

Beth fydd rhaid i chi wneud am naw o'r gloch fory?

Ch. Cyn i mi fynd/Ar ôl i mi fynd:

Dysgwch:

Cyn i mi fynd	*Before I go / Before I went*
Cyn i ti fynd	*Before you go / Before you went*
Cyn i Siân fynd	*Before Siân goes / Before Siân went*
Cyn iddi hi fynd	*Before she goes / Before she went*
Cyn i Siôn fynd	*Before Siôn goes / Before Siôn went*
Cyn iddo fe fynd	*Before he goes / Before he went*
Cyn i ni fynd	*Before we go / Before we went*
Cyn i chi fynd	*Before you go / Before you went*
Cyn iddyn nhw fynd	*Before they go / Before they went*

4

Ar ôl i mi ofyn	*After I ask / After I asked*
Ar ôl i ti ofyn	*After you ask / After you asked*
Ar ôl i Siân ofyn	*After Siân asks / After Siân asked*
Ar ôl iddi hi ofyn	*After she asks / After she asked*
Ar ôl i Siôn ofyn	*After Siôn asks / After Siôn asked*
Ar ôl iddo fe ofyn	*After he asks / After he asked*
Ar ôl i ni ofyn	*After we ask / After we asked*
Ar ôl i chi ofyn	*After you ask / After you asked*
Ar ôl iddyn nhw ofyn	*After they ask / After they asked*

Gofynnwch i'ch partner beth wnaethon nhw ddoe.

Dechreuwch gyda'r
cwestiwn: Beth wnaethoch
chi ar ôl i chi ddihuno? /
Beth wnest ti ar ôl i ti
ddihuno?

Whatever your partner's
answer will be, use that
answer in the next question.
e.e.
Beth wnest ti ar ôl i ti ddihuno?
Ymolchais i
Beth wnest ti ar ôl i ti ymolchi?

1.   dihuno (*to wake up*)
2.
3.
4.
5.
6.
7.
8.
9.
10.

D.   Gwell i Chi:

Dysgwch:

GWELL I CHI - *You'd better*

Gwell i chi fynd
Gwell i chi ddweud
Gwell i chi frysio (*hurry*)

5

Rhowch gyngor - *Offer your adivce.* Dilynwch yr esiampl.

Dw i'n dost   <u>Gwell i chi fynd at y meddyg</u>

Mae pen tost gyda fi

Dw i'n hwyr

Does dim arian gyda fi

Mae syched arna i

Mae syched arno fe

Dydy e ddim yn gwybod yr ateb

Dydy hi ddim yn gwybod yr ateb

Mae arholiad gyda hi fory

Maen nhw wedi blino

Dw i wedi blino

Yma, mae rhestr, er gwybodaeth, o eiriau eraill sy'n cael eu dilyn gan 'i'. *Below is a list of words followed by 'i':*

Rhaid i chi fynd	-	*You must go*
Cyn i chi fynd	-	*Before you go/went*
Ar ôl i chi fynd	-	*After you go/went*
Gwell i chi fynd	-	*You'd better go*
Rhag ofn i chi fynd	-	*In case you go/went*
Nes i chi fynd	-	*Until you go/went*
Wrth i chi fynd	-	*As you go/went*
Erbyn i chi fynd	-	*By the time you go/went*

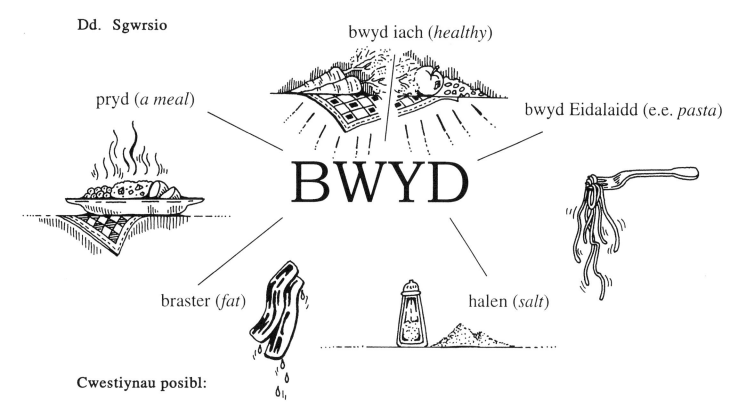

pryd (*a meal*)

bwyd iach (*healthy*)

bwyd Eidalaidd (e.e. *pasta*)

BWYD

braster (*fat*)

halen (*salt*)

Cwestiynau posibl:

Beth fwytoch chi ddoe?

Sawl pryd dych chi'n bwyta bob dydd?

Dych chi'n bwyta'n iach?/Dych chi'n bwyta braster?

Dych chi'n defnyddio halen pan dych chi'n coginio?

Dych chi'n hoffi bwyta allan? Ble? Pryd bwytoch chi allan ddiwetha?

Pa fwyd dych chi ddim yn hoffi?

RE CAP

1. **Dych chi wedi dysgu:**

Bydd rhaid	i mi	
Cyn	i mi	
Ar ôl	i ti	
Gwell	iddi hi	} fynd
	iddo fe	
	i ni	
	i chi	
	iddyn nhw	

2. **Geirfa**

(g) - gwrywaidd/*masculine*; (b) - benywaidd/*feminine*; (ll) - lluosog/*plural*

braster (g)	*fat*	brysio	*to hurry*
halen (g)	*salt*	defnyddio	*to use*
pryd (g)	*meal*	dihuno	*to wake up*
cadair (b)	*chair*	garddio	*to garden*
cerddoriaeth (b)	*music*	gwrando	*to listen*
ffedog (b)	*apron*	gwybod	*to know*
priodas (b)	*wedding*	Eidalaidd	*Italian* (bwyd)
gwyliau (ll)	*holidays*	gwyn	*white*
menig (ll)	*gloves*	iach	*healthy*
		newydd	*new*
		pa?	*which?*
		(pa fwyd?)	

1. *Complete the following equations.* Dilynwch y patrwm:

ar ôl + fe + cyrraedd = ar ôl iddo fe gyrraedd

cyn + hi + dod = _____

ar ôl + mi + codi = _____

cyn + hi + mynd = _____

ar ôl + fe + priodi = _____

cyn + ti + gorffen = _____

ar ôl + ni + dweud = _____

2. Darllenwch y stori ac atebwch y cwestiynau. Dilynwch y patrwm:

Aeth Twm i mewn i'r banc

Cerddodd e at y cownter

Agorodd e fag

Tynnodd e ddryll allan (dryll - *gun*)

Sgrechiodd merch (sgrechian - *to scream*)

Daeth plismon

Rhedodd Twm i ffwrdd (i ffwrdd - *away*)

Pryd sgrechiodd merch?   a)   cyn i blismon ddod

                            b)   ar ôl iddo fe dynnu dryll allan

Pryd cerddodd Twm at y cownter?   a)   cyn _____

                                  b)   ar ôl _____

Pryd daeth plismon?   a)   cyn _____

                      b)   ar ôl _____

Pryd tynnodd Twm ddryll allan?   a)   cyn _____

                                 b)   ar ôl _____

9

3. Ysgrifennwch tua 50 gair am fwyd. Ysgrifennwch ar ddarn arall o bapur. (*Use a separate sheet of paper.*)

4. **Darllen a Deall**

Mae Caryl Parry-Jones yn byw ger y Bont-faen ym Mro Morgannwg ond mae hi'n dod o Ffynnon-groyw ger Y Rhyl. Mae hi'n cyflwyno rhaglenni ar y teledu, yn ysgrifennu a recordio caneuon, ac yn actio. Roedd hi'n arfer canu mewn grwpiau o'r enw 'Bando' a 'Caryl a'r Band'. Mae hi'n canu yn Gymraeg ac yn canu caneuon o'r chwedegau yn Saesneg. Mae hi'n byw gyda'r gŵr Myfyr ac mae pump o blant gyda nhw. Ro'n nhw'n byw yng Nghaerdydd cyn iddyn nhw symud i'r Bont-faen. Cerddor ydy Myfyr hefyd ac mae stiwdio recordio gyda nhw.

1. O ble mae Caryl Parry-Jones yn wreiddiol?

    _____

2. Beth mae hi'n wneud ar y teledu?

    _____

3. Enwch un band roedd Caryl yn canu gyda nhw.

    _____

4. Beth mae hi'n canu yn Saesneg?

    _____

5. Beth ydy enw gŵr Caryl?

    _____

6. Beth ydy gwaith gŵr Caryl?

    _____

7. Ble ro'n nhw'n byw?

    _____

5. **Nodwch bum gair/ymadrodd defnyddiol (*useful*) o'r uned.**

un _____

dau _____

tri _____

pedwar _____

pump _____

Uned Dau Ddeg Dau

Dw i wedi ...
I have ...

A. Siaradwch:

Pryd aethoch chi i siopa ddiwetha?

Oes diddordeb gyda chi mewn chwaraeon?

Beth dych chi'n wneud y penwythnos nesa?

B. Adolygu:

Shwmae! Bedwyr dw i a bydda i'n brysur iawn fory. Yn y bore, ar ôl i mi ddihuno a chael paned yn y gwely, bydda i'n codi a chael cawod . Wedyn, bydda i'n bwyta brecwast llawn cyn i mi frwsio fy nannedd a fy ngwallt hyfryd. Yna, bydda i'n mynd i'r gwaith ar y bws. Ar ôl i mi gyrraedd y gwaith bydda i'n agor y post, wedyn teipio a ffeilio ac ateb y ffôn. Am bump o'r gloch bydda i'n mynd i chwarae sboncen gyda Jon ac wedyn yn cael peint neu ddau yn y dafarn. Bydda i'n siopa yn Tesco cyn i mi ddal y bws adre, coginio, bwyta a mynd i'r gwely'n gynnar.

Atebwch:

Pryd bydd Bedwyr yn cael paned? Ar ôl _____

Pryd bydd e'n cael cawod? Cyn _____

Pryd bydd e'n bwyta brecwast llawn? Ar ôl _____

Pryd bydd e'n agor y post? Cyn _____

Pryd bydd e'n cael peint yn y dafarn? Ar ôl _____

11

C. Dw i wedi (*I have*)

Hei, wyt ti wedi gweld ffilm newydd Cameron Diaz?

Ydw, dw i wedi gweld ei ffilm newydd hi. Mae'n wych.

Ydw, dw i wedi gweld y ffilm ac ... wŵ mae e'n olygus!(*handsome*)

Wyt ti wedi gweld y ffilm Bond newydd gyda Ioan Gruffudd?

| Wyt ti | wedi? | | Ydw, | dw i | wedi ..... |

Sylwch (*notice*) fod y patrwm yn debyg i'r amser presennol.
The pattern is similar to the present tense.

| Dych chi | wedi ...? | | Ydw, | dw i | wedi ... |

| Ydyn ni | wedi ...? | | Ydyn, | dyn ni | wedi ... |

Dych chi'n cofio?
Amser presennol

DIM PROBLEM!

Dw i	*I am*		Dw i wedi	*I have*
Rwyt ti	*You are*		Rwyt ti <u>wedi</u>	*You have*
Mae e/hi	*He/she is*	→	Mae e/hi <u>wedi</u>	*He/she has*
Dyn ni	*We are*		Dyn ni <u>wedi</u>	*We have*
Dych chi	*You are*		Dych chi <u>wedi</u>	*You have*
Maen nhw	*They are*		Maen nhw <u>wedi</u>	*They have*

12

✓	War & Peace	Pride and Prejudice	Enoc Hughes	Romeo & Juliet	Tân ar y Comin	Angela's Ashes	Y Stafell Ddirgel	Fflamio	Of Mice and Men	Four Letters of Love	Te yn y Grug	Garden of Eden	Colour Purple	Geiriadur	I Hela Cnau
✗	Siwan	Persuasion	Far from the Madding Crowd	Y Palmant Aur											

Mae Huw wedi darllen 'War & Peace'
Mae e wedi darllen 'Fflamio'

Dydy e ddim wedi darllen 'Siwan'
Dydy e ddim wedi darllen 'Persuasion'

Ydy Huw wedi darllen Angela's Ashes? _____

Ydy e wedi darllen Te yn y Grug? _____

Ydy e wedi darllen Y Palmant Aur? _____

Scent of a Woman	Speed	Sound of Music	Titanic	When Harry met Sally	Hedd Wyn	Jaws	Solomon & Gaenor	James Bond	Billie Elliott	Wolf	Awakenings

Maen nhw wedi gweld 'Titanic'.
Maen nhw wedi gweld 'Hedd Wyn'.

Dyn nhw ddim wedi gweld 'Sleepers'.
Dyn nhw ddim wedi gweld 'The Green Mile'.

Ydyn nhw wedi gweld 'Speed'? _____

_____

Ydyn nhw wedi gweld 'Wolf'? _____

_____

Ydyn nhw wedi gweld 'Shawshank Redemption'? _____

_____

Ch. Dw i wedi bod ... (*I have been*)

Eryl, ble rwyt ti wedi bod?

Dw i wedi bod i Awstralia
Dw i wedi bod i Peru a Chile
Dw i wedi bod i India a Nepal
Dw i wedi bod i Sbaen, Ffrainc, Sweden a Norwy yn Ewrop.

Nage ... nage ... ble rwyt ti wedi bod y bore 'ma?

O! Dw i wedi bod i'r swyddfa bost yn y dre!
Dw i wedi bod yn siarad â Dic Post.

♥ Llythyr caru Carys ♥

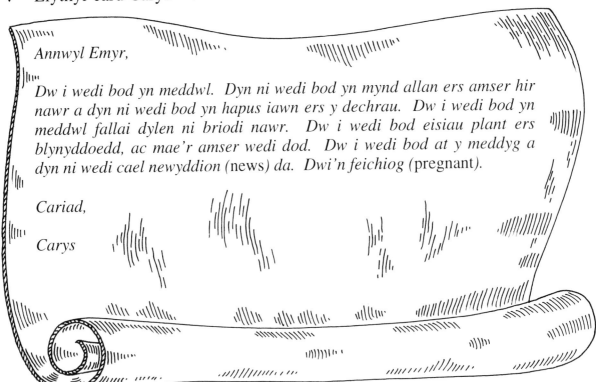

Annwyl Emyr,

Dw i wedi bod yn meddwl. Dyn ni wedi bod yn mynd allan ers amser hir nawr a dyn ni wedi bod yn hapus iawn ers y dechrau. Dw i wedi bod yn meddwl fallai dylen ni briodi nawr. Dw i wedi bod eisiau plant ers blynyddoedd, ac mae'r amser wedi dod. Dw i wedi bod at y meddyg a dyn ni wedi cael newyddion (news) da. Dwi'n feichiog (pregnant).

Cariad,

Carys

14

Darllenwch y llythyr eto ond siaradwch amdani hi:

Mae hi wedi bod yn meddwl. Maen nhw wedi bod yn ...

D.

Pan dych chi'n ychwanegu 'bod' - daw'r ystyr '*been*' yn Saesneg.
When you add 'bod' - *you get the* '*been*' *meaning.*

e.e.   Dw i wedi - *I have*
Dw i wedi bod - *I have been*
Dw i wedi bod i Gaerdydd - *I have been to Cardiff*
Dw i wedi bod yn nofio - *I have been swimming*
Dw i wedi bod yn meddwl - *I have been thinking*

Ysgrifennwch yr isod yn llawn:

Nhw   +   wedi bod   +   rhedeg   →

Ni   +   wedi bod   +   banc   →

Chi   +   wedi bod   +   siopa   →

Siwan   +   wedi bod   +   dawnsio bale   →

Fe   +   wedi bod   +   tafarn   →

Nawr, sut dych chi'n meddwl dyn ni'n eu troi nhw i'r cwestiwn a'r negyddol?

				?	—
nhw	+ wedi bod	+ rhedeg	→		
ni	+ wedi bod	+ banc	→		
chi	+ wedi bod	+ siopa	→		
Siwan	+ wedi bod	+ dawnsio bale	→		
fe	+ wedi bod	+ tafarn	→		

15

DD. 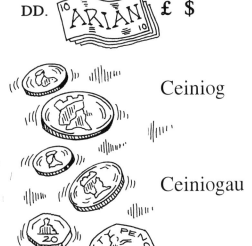 **ARIAN £ $**

Ceiniog

Ceiniogau

un geiniog
dwy geiniog
tair ceiniog
pedair ceiniog
pum ceiniog
chwe cheiniog
saith ceiniog
wyth ceiniog
naw ceiniog
deg ceiniog
un deg un geiniog (un deg un o geiniogau)
tri deg saith ceiniog (tri deg saith o geiniogau)
naw deg naw ceiniog (naw deg naw o geiniogau)

Ysgrifennwch y pris:

TE

98c

MENYN

83c

MATSYS

32c

PAPUR NEWYDD

45c

BARA

88c

LLAETH

57c

Punt

Punnau

un bunt
dwy bunt
tair punt
pedair punt
pum punt
chwe phunt
saith punt
wyth punt
naw punt
deg punt
un deg tair punt (un deg tri o bunnau)
pedwar deg pedair punt (pedwar deg pedwar o bunnau)
naw deg saith punt (naw deg saith o bunnau)

Treigladau gyda rhifau (*numbers*)

Benywaidd (*feminine*)	Gwrywaidd (*masculine*)
un bunt (T.M.)	un car (X)
dwy bunt (T.M.)	dau gar (T.M.)
tair punt (X)	tri char (T. Llaes)
pedair punt (X)	pedwar car (X)
pum punt (X)	pum car (X)
chwe phunt (T. Llaes)	chwe char (T. Llaes)

Llenwch y sieciau

1. BT - £73

```
HSBC
                                              _____ 20 ____

Taler _____
                                           ┌──────────────┐
      _____     │ £            │
                                           └──────────────┘
```

2. Cyngor Casnewydd - £84

```
HSBC
                                              _____ 20 ____

Taler _____
                                           ┌──────────────┐
      _____     │ £            │
                                           └──────────────┘
```

3.   Marks & Spencer - £29

```
┌─────────────────────────────────────────────────────────────┐
│  HSBC                                                        │
│                                                  _____ 20 │
│                                                              │
│     Taler _____                        │
│                                          ┌─────────────────┐ │
│                                          │ £               │ │
│     _____ └─────────────────┘ │
│                                                              │
└─────────────────────────────────────────────────────────────┘
```

4.   Tŷ Bwyta'r Ceffyl Gwyn - £31

```
┌─────────────────────────────────────────────────────────────┐
│  HSBC                                                        │
│                                                  _____ 20 │
│                                                              │
│     Taler _____                        │
│                                          ┌─────────────────┐ │
│                                          │ £               │ │
│     _____ └─────────────────┘ │
│                                                              │
└─────────────────────────────────────────────────────────────┘
```

E.   Deialog - Yn y banc

Dysgwch: cyfrif cadw - *deposit account*; cyfrif cyfredol - *current account*.
Darllenwch y ddeialog gyda'ch partner:

Gweithiwr banc: Bore da, gaf i'ch helpu chi?

Mrs Tomos: Dw i eisiau symud arian o'r cyfrif cadw i'r cyfrif cyfredol os gwelwch yn dda.

Gweithiwr banc: Beth ydy rhif eich cyfrif?

Mrs Tomos: Chwech, pump, pedwar, tri, dau, un. Mrs A M Tomos ydy enw'r cyfrif.

Gweithiwr banc: Iawn, Mrs Tomos. Dim problem. Faint o arian dych chi eisiau symud?

Mrs Tomos: Can punt, os gwelwch yn dda.

Gweithiwr banc: Iawn. Rhywbeth arall?

Mrs Tomos: Dw i eisiau rhoi arian i apêl Barnardo.

Gweithiwr banc: Faint?

Mrs Tomos: Deg punt, os gwelwch yn dda.

Gweithiwr banc: Dyna ni. Popeth yn iawn. Diolch yn fawr.

Mrs Tomos: Diolch yn fawr i chi. Hwyl!

Y tro hwn, llenwch y bylchau. Peidiwch ag edrych yn ôl.

Gweithiwr banc: Bore da, _____ i'ch helpu chi?

Mrs Tomos: Dw i eisiau _____ arian o'r cyfrif _____

i'r cyfrif _____ os gwelwch yn dda.

Gweithiwr banc: Beth ydy _____ eich cyfrif?

Mrs Tomos: Chwech, pump, pedwar, tri, dau, un. Mrs A M Tomos ydy enw'r

_____ .

Gweithiwr banc: Iawn, Mrs Tomos. Dim problem. _____ o arian dych chi
eisiau symud?

Mrs Tomos: _____ , os gwelwch yn dda.

Gweithiwr banc: Iawn. _____ arall?

Mrs Tomos: Dw i eisiau _____ arian i apêl Barnardo.

Gweithiwr banc: Faint?

Mrs Tomos: Deg punt, os gwelwch yn dda.

Gweithiwr banc: Dyna ni. Popeth _____ . Diolch yn _____.

Mrs Tomos: Diolch yn fawr i chi. _____!

F. Amser:

Cofiwch

(pedwar) o'r gloch

pum munud i (bump)
deg munud i (bump)
chwarter i (bump)
ugain munud i (bump)
pum munud ar hugain i (bump)

Pum munud wedi (pedwar)
deg munud wedi (pedwar)
chwarter wedi (pedwar)
ugain munud wedi (pedwar)
pum munud ar hugain wedi (pedwar)

hanner awr [19] wedi (pedwar)

Gofynnwch gwestiynau i bum person yn y dosbarth.

Faint o'r gloch?

Enw	Codi fel arfer	Cyrraedd y gwaith fel arfer	Bwyta cinio fel arfer	Mynd i'r gwely heno	Bwyta swper neithiwr

Ysgrifennwch:

Mae _____ yn codi am _____ fel arfer.

Mae _____ yn cyrraedd y gwaith am _____ fel arfer.

Mae _____ yn bwyta cinio am _____ fel arfer.

Bydd _____ yn mynd i'r gwely am _____ heno.

Bwytodd _____ swper am _____ neithiwr.

FF. Sgwrsio:

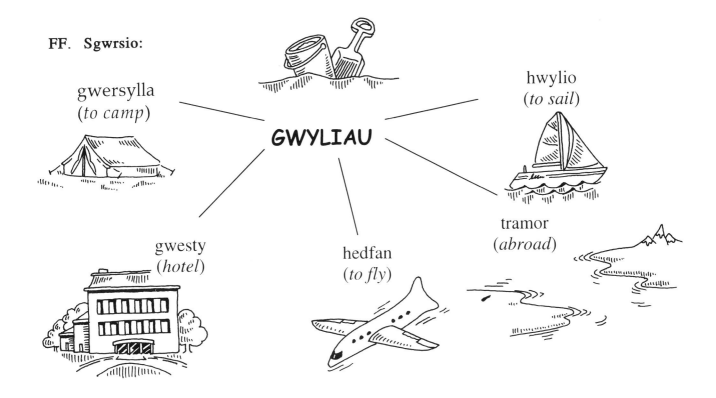

gwersylla
(*to camp*)

hwylio
(*to sail*)

GWYLIAU

gwesty
(*hotel*)

hedfan
(*to fly*)

tramor
(*abroad*)

Cwestiynau posibl:

Ble aethoch chi ar eich gwyliau diwetha?
Ble dych chi'n mynd ar eich gwyliau nesa?
Ble dych chi'n aros fel arfer pan dych chi'n mynd ar wyliau?
Dych chi wedi gwersylla?
Sut dych chi'n hoffi teithio?
Dych chi'n hoffi aros yn y wlad yma neu dych chi'n hoffi mynd tramor?

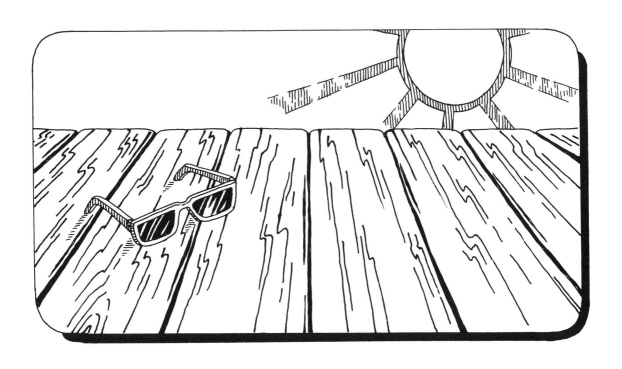

1. **Dych chi wedi dysgu:**

1)

+	?	—
Dw i wedi gweld	Dw i wedi …?	Dw i ddim wedi
Rwyt ti wedi nofio	Wyt ti wedi …?	Dwyt ti ddim wedi
Mae e/hi wedi bwyta	Ydy e/hi wedi …?	Dydy e/hi ddim wedi
Dyn ni wedi darllen	Dyn ni wedi …?	Dyn ni ddim wedi
Dych chi wedi rhedeg	Dych chi wedi …?	Dych chi ddim wedi
Maen nhw wedi smwddio	Ydyn nhw wedi …?	Dyn nhw ddim wedi

2)

+	?	—
Dw i wedi bod yn gweld	Dw i wedi bod…?	Dw i ddim wedi bod
Rwyt ti wedi bod yn nofio	Wyt ti wedi bod…?	Dwyt ti ddim wedi bod
Mae e/hi wedi bod yn bwyta	Ydy e/hi wedi bod…?	Dydy e/hi ddim wedi bod
Dyn ni wedi bod yn darllen	Dyn ni wedi bod…?	Dyn ni ddim wedi bod
Dych chi wedi bod yn rhedeg	Dych chi wedi bod…?	Dych chi ddim wedi bod
Maen nhw wedi bod yn smwddio	Ydyn nhw wedi bod…?	Dyn nhw ddim wedi bod

3)

Siarad am arian.

Ceiniog:

		Punt:	
un geiniog	chwe cheiniog	un bunt	chwe phunt
dwy geiniog	saith ceiniog	dwy bunt	saith punt
tair ceiniog	wyth ceiniog	tair punt	wyth punt
pedair ceiniog	naw ceiniog	pedair punt	naw punt
pum ceiniog	deg ceiniog	pum punt	deg punt

2. Geirfa

arian (g)	*money*	caru	*to love*
cyngor (g)	*council, advice*	cyrraedd	*to arrive, reach*
blwyddyn (b)	*year*	dal	*to hold, catch*
blynyddoedd (ll)	*years*	symud	*to move*
gwlad (b)	*country*	teithio	*to travel*
punt (b)	*pound (£)*	beichiog	*pregnant*
chwaraeon (ll)	*sport*	cynnar	*early*
newyddion (ll)	*news*	golygus	*handsome*
		faint?	*how much?/how many?*
		fel arfer	*usually*
		neu	*or*

UNED 22 - HELPWCH EICH HUN - GARTRE 🏠

---

1. Atebwch:

Dych chi wedi bod yn sgïo? _____

Dych chi wedi gweld 'Dumb + Dumber'? _____

Dych chi wedi bod i Sbaen? _____

Dych chi wedi cwrdd â rhywun enwog? _____

Dych chi wedi gweld Y Tŵr Eiffel? _____

---

2. Ysgrifennwch tua 50 gair am 'Gwyliau'. Ysgrifennwch ar ddarn arall o bapur. (*Use a separate sheet of paper.*)

---

3. Darllen a Deall

'Anturiaethau Tom Sawyer'

Mark Twain ysgrifennodd y stori 'Anturiaethau Tom Sawyer'. Americanwr oedd e. Ei enw iawn e oedd Samuel Langhorne Clemens. Roedd e'n gweithio fel peilot ar Afon Mississippi cyn iddo ysgrifennu. Roedd pawb yn hoffi darllen ei waith e. Yn 'Anturiaethau Tom Sawyer' mae'r stori weithiau'n ddoniol ac weithiau'n drist, ond roedd pawb yn hoffi ei darllen hi. Mae pawb yn hoffi ei darllen hi heddiw.

Yn y stori mae Mark Twain yn rhoi darlun o fywyd mewn pentre ar lan Afon Mississippi. Bachgen tlawd ond hapus oedd Tom Sawyer. Roedd e'n byw gyda'i fodryb Polly ac roedd e'n hoffi chwarae triciau. Roedd e'n chwarae triwant yn aml. Roedd e'n hoffi mynd i lawr at yr afon i weld y stemar fawr.

Atebwch y cwestiynau:

O ble roedd Mark Twain yn dod? _____

Beth oedd ei waith e? _____

Oedd pobl yn mwynhau (*enjoy*) ei waith e? _____

Ble mae 'Anturiaethau Tom Sawyer' yn digwydd (*happen*)? _____

Gyda phwy roedd Tom yn byw? _____

Ble roedd e'n mynd yn lle (*instead of*) mynd i'r ysgol? _____

4. Nodwch bum gair/ymadrodd defnyddiol (*useful*) o'r uned.

un _____

dau _____

tri _____

pedwar _____

pump _____

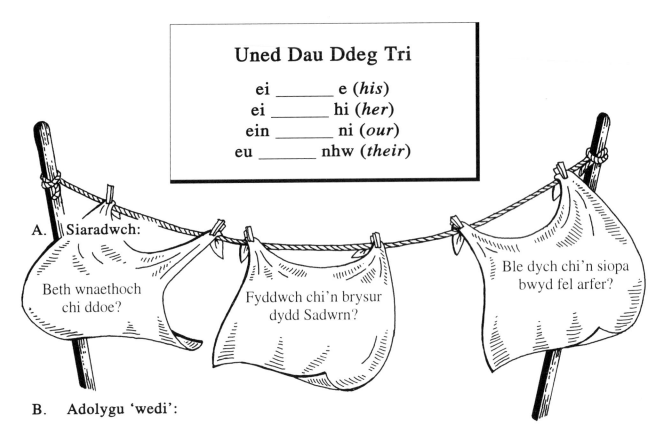

Uned Dau Ddeg Tri

ei _____ e (*his*)
ei _____ hi (*her*)
ein _____ ni (*our*)
eu _____ nhw (*their*)

A. **Siaradwch:**

Beth wnaethoch chi ddoe?

Fyddwch chi'n brysur dydd Sadwrn?

Ble dych chi'n siopa bwyd fel arfer?

B. **Adolygu 'wedi':**

Edrychwch ar y grid a gofynnwch gwestiynau'n dechrau 'Dych chi wedi ......?' neu 'Wyt ti wedi ....?'

Enw	darllen storïau Harry Potter	gweld un o ffilmiau Ioan Gruffudd	bod i Eurodisney	ennill ar y loteri	clywed Bryn Terfel yn canu

Edrychwch ar y grid ac ysgrifennwch bum brawddeg:

1. Mae _____ wedi _____

2. Mae _____ wedi _____

3. Mae _____ wedi _____

4. Dydy _____

5. Dydy _____

26

C. Dych chi'n cofio:

 TŶ   fy nhŷ i   dy dŷ di   eich tŷ chi
my house   *your house*   *your house*

 CAR   fy nghar i   dy gar di   eich car chi
my car   *your car*   *your car*

 PENSIL   __ ___ __   __ ___ __   __ ___ __

 DRWS   __ ___ __   __ ___ __   __ ___ __

 BRAWD   __ ___ __   __ ___ __   __ ___ __

 GARDD   __ ___ __   __ ___ __   __ ___ __

Treiglad Trwynol	Treiglad Meddal	Dim Treiglad

CH. Ei _____ e / *His* _____

Sony ydy mêc ei deledu e

Ysbryd ydy enw ei lyfr e

Kenco ydy mêc ei goffi e

HSBC ydy enw ei fanc e

Brown ydy lliw ei wallt e

Mair ydy enw ei fam-yng-nghyfraith e

Coch ydy lliw ei bensil e

Gwyn ydy lliw ei ddrws e

Rhys a Marion ydy enwau ei rieni e

Du ydy lliw ei esgidiau fe

Clarks ydy mêc ei esgidiau fe

Sut mae dweud?:

his - _____   his bank - _____   his - _____

his coffee - _____   his hair   - _____   his mother-
                                                             in-law - _____

his  - _____   his  - _____   his parents - _____

Beth sy wedi digwydd? / *What has happened?*

_____ > <u>D</u>   _____ > <u>F</u>   _____ > <u>L</u>

_____ > <u>G</u>   _____ > /   _____ > <u>F</u>

_____ > <u>B</u>   _____ > <u>DD</u>   _____ > <u>R</u>

Treiglad Meddal

Atebwch:

Beth ydy mêc ei goffi e?   <u>Kenco ydy mêc ei goffi e</u>

Beth ydy mêc ei gar e?   _____

Beth ydy lliw ei drowsus e?   _____

Beth ydy enw ei gath e?   _____

D.   Ei _____ hi / *Her* _____

Melyn ydy lliw ei gwallt hi

Arwel ydy enw ei
brawd hi

Coch ydy lliw
ei blodau hi

Geraint ydy enw ei
phlentyn hi

Glas ydy lliw ei bag hi

Caradog ydy enw ei
cheffyl hi

Jaws ydy enw
ei physgodyn hi

Sidan ydy enw ei chath hi

28

her trousers - _____

her cat - _____

her fish - _____

her brother - _____

her flowers - _____

her hair - _____

_____ > Th

_____ > Ch

_____ > Ph

her father - _____

her horse - _____

her child - _____

Dim treiglad

Dim ond (*only*)

T - Th

C - Ch

P - Ph

sy'n treiglo (*mutates*) ar ôl ei _____ hi (*her*)

Treiglad Llaes
(*Aspirate Mutation*)

Atebwch:

Beth ydy enw ei thad hi? _____Tomos ydy enw ei thad hi_____

Beth ydy enw ei thŷ hi? _____

Beth ydy enw ei chi hi? _____

Beth ydy enw ei thractor hi? _____

OND (*but*)

h + (vowels)

a e i o u w y

ei hafal hi
ei hesgid hi
ei hiâr hi

enw - __ _____ _____

adroddiad - __ _____ _____

oren - __ _____ _____

anrheg - __ _____ _____

Cofiwch / *Remember*

dydy'r 'h' ddim yn dreiglad
the 'h' isn't a mutation

Dyn ni'n defnyddio 'h' gyda
ei/*her* ond dim gyda ei/*his* e.e.
ei henw hi, ei enw e.

DD. Ei _____ e / Ei _____ hi

Gorffennwch y patrwm / *Finish the pattern*:

ei dŷ e

tŷ	🏠
cariad	♡
pysgodyn	🐟
mam	👩
ysgol	🏫
bag	👜
llythyr	✉
chwaer	👧
trwyn	👃

ei thŷ hi

E. Ein _____ ni (*our*)
Hwre! Dim treiglad

Dyma ein tŷ ni

Dyma ein gardd gefn ni

Dyma ein plant ni

Dyma ein car ni

Dyma ein soffa ni

Dyma ein cymdogion (*neighbours*) ni

F. Eu _____ nhw (*their*)
Hwre! Dim treiglad

TŶ BACH Dyna eu tŷ bach nhw

Dyna eu gardd ffrynt nhw

Dyna eu plentyn nhw

Dyna eu ceir nhw

Dyna eu cadair nhw

30

Cofiwch:

h	+	a	e	i	o	u	w	y	+	ei (*her*)
h	+	a	e	i	o	u	w	y	+	ein (*our*)
h	+	a	e	i	o	u	w	y	+	eu (*their*)

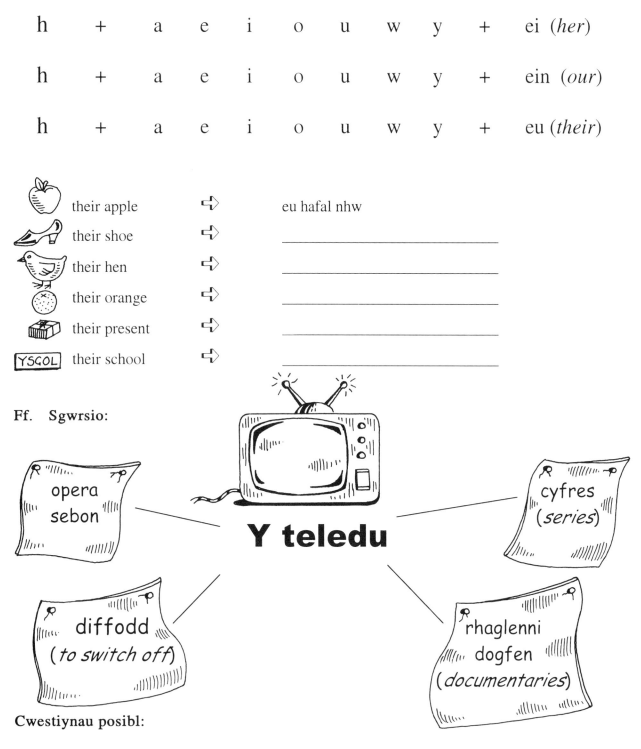

their apple   ⇨   eu hafal nhw

their shoe   ⇨   _____

their hen   ⇨   _____

their orange   ⇨   _____

their present   ⇨   _____

YSGOL their school   ⇨   _____

Ff. Sgwrsio:

opera sebon

cyfres (*series*)

Y teledu

diffodd (*to switch off*)

rhaglenni dogfen (*documentaries*)

Cwestiynau posibl:

Dych chi'n hoffi edrych ar y teledu?
Beth dych chi'n hoffi?
Beth dych chi ddim yn hoffi?
Dych chi'n dilyn opera sebon?
Dych chi'n hoffi rhaglenni dogfen?
Oes cyfres ddrama dda ar y teledu nawr?
Dych chi'n hoffi ffilmiau?
Dych chi'n diffodd y teledu os dych chi ddim yn edrych ar raglen?

RE CAP

1. **Dych chi wedi dysgu:**

1)

Ei _____ e	Ei _____ hi	Ein _____ ni	Eu _____ nhw
t - d c - g p - b b - f g - / d - dd ll - l m - f rh - r	t - th c - ch p - ph	Dim treiglad	Dim treiglad
HIS	**HER**	**OUR**	**THEIR**

2)

ei (*her*) + 'h' + a e i o u w y

e.e. ei hysgol hi

ein + 'h' + a e i o u w y

e.e. ein hysgol ni

eu + 'h' + a e i o u w y

e.e. eu hysgol nhw

2. **Geirfa**

blodyn (g)	*flower*	cyfres (b)	*series*
blodau (ll)	*flowers*	esgid (b)	*shoe*
ci (g)	*dog*	esgidiau (ll)	*shoes*
gwallt (g)	*hair*	gardd (b)	*garden*
lliw (g)	*colour*	rhaglen (b)	*programme*
plentyn (g)	*child*	cymdogion (ll)	*neighbours*
plant (ll)	*children*	rhieni (ll)	*parents*
pysgodyn (g)	*fish*	trowsus (ll)	*trousers*
sebon (g)	*soap*	clywed	*to hear*
trwyn (g)	*nose*	diffodd	*to switch off*
ysbryd (g)	*ghost*	dilyn	*to follow*
		ennill	*to win*

1. Llenwch y bylchau:

ei	fwrdd	e
ei	bwrdd	hi
ein	bwrdd	ni
eu	bwrdd	nhw

ei _____ e
ei _____ hi
ein _____ ni
eu _____ nhw

ei _____ e
ei _____ hi
ein _____ ni
eu _____ nhw

ei _____ e
ei _____ hi
ein _____ ni
eu _____ nhw

ei _____ e
ei _____ hi
ein _____ ni
eu _____ nhw

ei _____ e
ei _____ hi
ein _____ ni
eu _____ nhw

ei _____ e
ei _____ hi
ein _____ ni
eu _____ nhw

2. Atebwch:

a) Beth ydy enw partner Dawn French?

_____

b) Beth oedd enw partner Stan Laurel?

_____

c) Beth ydy enw eich tiwtor chi?

_____

3. Ysgrifennwch tua 50 gair am 'Y Teledu'. Defnyddiwch ddarn arall o bapur. (*Use a separate sheet of paper.*)

4. Darllen a Deall

O'r Papur Bro

Yr wythnos diwetha bu farw (*died*) gwraig arbennig iawn. Ei henw hi oedd Catrin Griffiths ac roedd hi'n dod o Faesteg. Glöwr oedd ei thad hi. Roedd hi'n un o chwech o blant ac roedd y teulu'n siarad Cymraeg.

Pan oedd yn ifanc gweithiodd fel nyrs. Hyfforddodd yn Ysbyty Merthyr. Weithiodd hi ddim fel nyrs ar ôl cael ei phlentyn cyntaf. Arhosodd hi gartref a chodi saith o blant.

Atebwch y cwestiynau:

1. Pryd buodd Catrin Griffiths farw? _____

2. O ble roedd hi yn wreiddiol? _____

3. Sawl brawd a chwaer oedd gyda hi? _____

4. Beth oedd ei gwaith hi pan oedd hi'n ifanc? _____

5. Beth wnaeth hi ym Merthyr? _____

6. Faint o blant gafodd hi? _____

34

5. Nodwch bum gair/ymadrodd defnyddiol (*useful*) o'r uned.

un _____

dau _____

tri _____

pedwar _____

pump _____

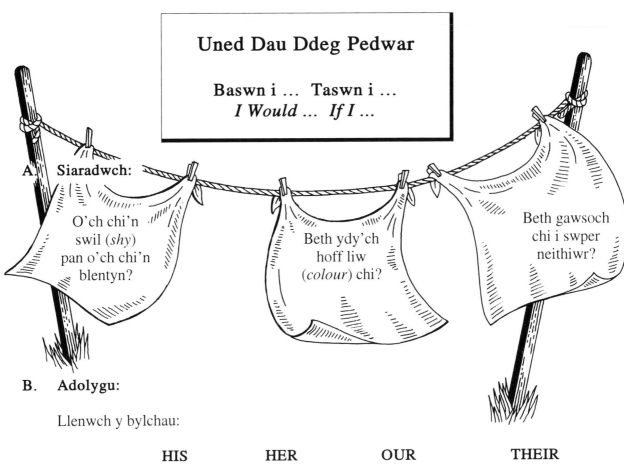

Uned Dau Ddeg Pedwar

Baswn i ... Taswn i ...
I Would ... If I ...

A. Siaradwch:

O'ch chi'n swil (*shy*) pan o'ch chi'n blentyn?

Beth ydy'ch hoff liw (*colour*) chi?

Beth gawsoch chi i swper neithiwr?

B. Adolygu:

Llenwch y bylchau:

	HIS	HER	OUR	THEIR
LLWY	ei lwy e	_____	ein llwy ni	_____
PLÂT	_____	_____	_____	_____
TEGELL	_____	_____	_____	_____
CWPAN	_____	_____	_____	_____
OERGELL	_____	_____	_____	_____

36

C. Baswn i (*I would*)

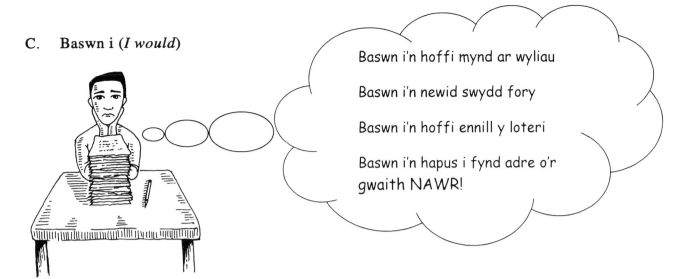

Baswn i'n hoffi mynd ar wyliau

Baswn i'n newid swydd fory

Baswn i'n hoffi ennill y loteri

Baswn i'n hapus i fynd adre o'r gwaith NAWR!

Ch. Y Cwestiwn. Faset ti? / Fasech chi? (*Would you?*)

Faset ti'n hoffi mynd ar wyliau?	✓ Baswn	✗ Na faswn
Faset ti'n newid swydd fory?	✓ Baswn	✗ Na faswn
Fasech chi'n hoffi ennill y loteri?	✓ Baswn	✗ Na faswn
Fasech chi'n hapus i fynd adre o'r dosbarth nawr?	✓ Baswn	✗ Na faswn

Gofynnwch i'ch partner *whether they would do the following*:

	✓	✗
prynu Ford		
neidio (*jump*) allan o awyren		
bwyta malwod (*snails*)		
ysgrifennu llythyr i'r papur		
newid eich enw		
symud tŷ		
rhedeg marathon		
mynd i brotest		
mynd i Dwmpath dawns		

D. Dysgwch

Basai John yn prynu Ford
Basai John yn newid ei enw e
Basai fe'n mynd i brotest

Nawr, dwedwch wrth y dosbarth beth fasai eich partner yn ei wneud *(what your partner would do)*.

I would	-	_____
(ti) *You would*	-	_____
John/He/She would	-	_____
(chi) *You would*	-	_____

DD. Dych chi'n cofio?

+	?	—
I ate → **B**wytais i	*Did you eat?* → **F**wytaist ti?	*I didn't eat* - **F**wytais i ddim
B	F	F

Sut mae dweud:

+	?	—
I would Baswn i	*Would you?*	*I wouldn't*

Mae'r patrwm yma'n codi
trwy'r amser.
This pattern arises over and over

+	→	Dim treiglad / *No mutation*
?	→	Treiglad meddal / *Soft mutation*
—	→	Treiglad meddal / *Soft mutation*

OND treiglad llaes gyda   *BUT aspirate mutation with*

- th
- ch
- ph

yn y negyddol - *in the negative*

E. Basen ni (*We would*)

Trafodwch gyda'ch partner beth fasech chi'n hoffi wneud dros y Sul

e.e. Basen ni'n hoffi mynd i'r sinema.

1. _____

2. _____

3. _____

AUR (*gold*)

Basen ni'n cadw peth (*keep some*) yn y banc

Basen ni'n prynu cwch

Basen ni'n rhoi arian i elusen (*charity*)

Basen ni'n symud tŷ

Basen ni'n cael parti

Basen ni'n agor potelaid o siampên

F. Basen nhw (*They would*)

Beth fasen nhw'n wneud gyda'r arian?

Basen nhw'n agor potelaid o siampên

_____

_____

_____

_____

_____

Ff. Llenwch y bylchau:

+		?	—
Baswn i	(*I would*)		
	(*You would*)		Faset ti ddim
	(*He/she would*)	Fasai fe/hi?	
Basen ni	(*We would*)		
	(*You would*)		
	(*They would*)		Fasen nhw ddim

G. Taswn i / *If I were (to)*

Taswn i -   Taswn i'n ennill y loteri, baswn i'n ymddeol
If I were (to) ...   Taswn i'n ddeunaw oed, baswn i'n mynd o gwmpas y byd
                          Taswn i'n mynd i'r Eidal, baswn i'n bwyta pasta
                          Taswn i'n mynd i Awstralia, baswn i'n gweld cangarŵ

A'r cwestiwn

Tasech chi   Beth faset ti'n wneud taset ti'n ennill y loteri?
Taset ti   Beth faset ti'n wneud taset ti'n ddeunaw oed eto?
                          Beth fasech chi'n wneud tasech chi'n mynd i'r Eidal?
If you were (to)...   Beth fasech chi'n weld tasech chi'n mynd i Awstralia?

Parwch yr isod / *Pair up the sentences below:*

Baswn i'n cymryd tabled   Tasech chi'n gadael
Basai hi'n hwylio   Tasen ni'n benthyg car
Baswn i'n cusanu Jim   Tasai hi'n braf
Basai fe'n torheulo (*sunbathe*) Taswn i'n dost
Basai Siân yn dawnsio   Tasai hi'n prynu cwch
Baswn i'n drist   Tasai hi mewn disgo
Basen ni'n gyrru   Tasai fe'n sengl

Cyfieithwch 3 o'r brawddegau / *Translate 3 of these sentences*

1. _____

2. _____

3. _____

Ewch o gwmpas y dosbarth yn gofyn i bawb beth fasen nhw'n wneud tasen nhw'n ennill y loteri. Ysgrifennwch eich atebion yn y grid.

Enw	Ennill y Loteri
1. Jane	Prynu carafan

Ng. Sgwrsio:

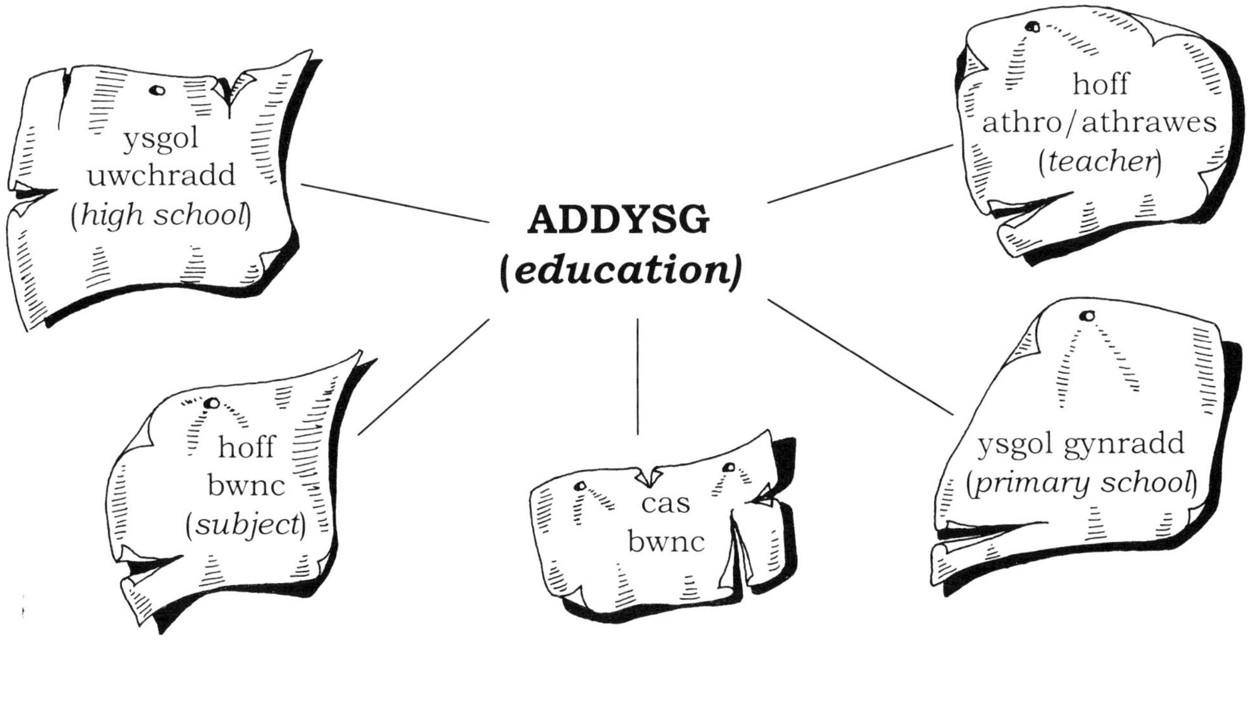

ysgol uwchradd (*high school*)

hoff athro/athrawes (*teacher*)

ADDYSG (*education*)

hoff bwnc (*subject*)

cas bwnc

ysgol gynradd (*primary school*)

Cwestiynau posibl:

O'ch chi'n hoffi'r ysgol?
Ble aethoch chi i'r ysgol gynradd?
Ble aethoch chi i'r ysgol uwchradd?
Beth oedd eich hoff bwnc?
Beth oedd eich cas bwnc?
Oedd hoff athro neu athrawes gyda chi?

RE CAP

1. **Dych chi wedi dysgu:**

+	?	—
Baswn i	Faswn i?	Faswn i ddim
Baset ti	Faset ti?	Faset ti ddim
Basai fe/hi/Jon	Fasai fe/hi/Jon?	Fasai fe/hi/Jon ddim
Basen ni	Fasen ni?	Fasen ni ddim
Basech chi	Fasech chi?	Fasech chi ddim
Basen nhw	Fasen nhw?	Fasen nhw ddim

2.

baswn i …..
baset ti …..
basai fe …..
basen ni …..
basech chi …..
basen nhw …..

taswn i …..
taset ti …..
tasai fe …..
tasen ni …..
tasech chi …..
tasen nhw …..

3. **Geirfa**

aur (g)	*gold*	benthyg	*to borrow, to lend*
byd (g)	*world*	cadw	*to keep*
cwch (g)	*boat*	cusanu	*to kiss*
cwpan (g)	*cup*	cymryd	*to take*
plât (g)	*plate*	hwylio	*to sail*
tegell (g)	*kettle*	neidio	*to jump*
awyren (b)	*aeroplane*	hoff	*favourite*
llwy (b)	*spoon*	swil	*shy*
oergell (b)	*fridge*	o gwmpas	*around*

1. **Atebwch yn llawn:**

   a)   Fasech chi'n gwneud naid bynji?

   b)   Fasech chi'n dawnsio ar y bwrdd mewn tafarn?

   c)   Fasech chi'n canu mewn eisteddfod?

   ch) Fasech chi'n hoffi dysgu Ffrangeg?

   d)   Fasech chi'n bwyta coesau broga?

   dd) Fasech chi'n symud i Sbaen i fyw?

   e)   Fasech chi'n gallu yfed peint o gwrw heb stopio?

   f)   Fasech chi'n siarad Cymraeg mewn siop Gymraeg?

2. **Ysgrifennwch hanner arall i'r frawddeg.**

   Baswn i'n cymryd tabled   ____taswn i'n dost_____

   Basai fe'n hapus   _____

   _____   taswn i'n gyfoethog (rich)

   Basen ni'n symud tŷ   _____

   _____   taset ti'n gofyn

   _____   tasen nhw'n stopio

   Basai hi'n drist   _____

3. **Ysgrifennwch tua 50 gair am 'Addysg'. Defnyddiwch ddarn arall o bapur.**
    (*Use a separate sheet of paper.*)

---

4.   **Darllen a Deall**

CLWB SWYDDI

Dych chi dros 18 oed?
Dych chi'n ddi-waith ers dros 6 mis?

DEWCH I'R CLWB SWYDDI

Dych chi'n gallu dod i'r Clwb am bythefnos i ddysgu am gynnig (*apply*)
am swydd a chwrdd â phobl eraill.

Rhaid i chi gynnig am 10 swydd yn ystod y pythefnos, ond dych chi'n
gallu defnyddio cyfrifiadur, papur ysgrifennu, papurau newydd,
ffôn a stampiau AM DDIM.

Bydd y sesiwn nesa yn dechrau am 10 o'r gloch bore dydd Llun 6 Ionawr
yn Neuadd Eglwys Dewi Sant.

Atebwch y cwestiynau:

1. I bwy mae'r Clwb swyddi? _____

2. Am sawl wythnos mae pobl yn gallu mynd i'r Clwb? _____

3. Beth ydy pris defnyddio cyfrifiadur? _____

4. Faint o'r gloch mae'r sesiwn nesa yn dechrau? _____

---

5. **Nodwch bum gair/ymadrodd defnyddiol (*useful*) o'r uned.**

un   _____

dau   _____

tri   _____

pedwar _____

pump   _____

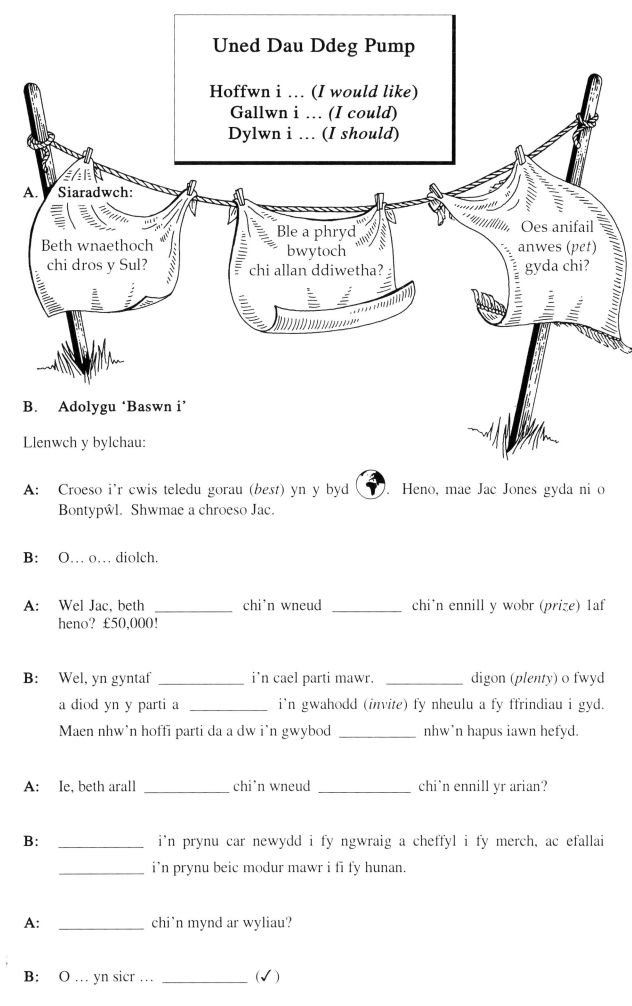

Uned Dau Ddeg Pump

Hoffwn i ... (*I would like*)
Gallwn i ... (*I could*)
Dylwn i ... (*I should*)

A. **Siaradwch:**

Beth wnaethoch chi dros y Sul?

Ble a phryd bwytoch chi allan ddiwetha?

Oes anifail anwes (*pet*) gyda chi?

B. **Adolygu 'Baswn i'**

Llenwch y bylchau:

A: Croeso i'r cwis teledu gorau (*best*) yn y byd 🌍. Heno, mae Jac Jones gyda ni o Bontypŵl. Shwmae a chroeso Jac.

B: O... o... diolch.

A: Wel Jac, beth _____ chi'n wneud _____ chi'n ennill y wobr (*prize*) laf heno? £50,000!

B: Wel, yn gyntaf _____ i'n cael parti mawr. _____ digon (*plenty*) o fwyd a diod yn y parti a _____ i'n gwahodd (*invite*) fy nheulu a fy ffrindiau i gyd. Maen nhw'n hoffi parti da a dw i'n gwybod _____ nhw'n hapus iawn hefyd.

A: Ie, beth arall _____ chi'n wneud _____ chi'n ennill yr arian?

B: _____ i'n prynu car newydd i fy ngwraig a cheffyl i fy merch, ac efallai _____ i'n prynu beic modur mawr i fi fy hunan.

A: _____ chi'n mynd ar wyliau?

B: O ... yn sicr ... _____ (✓)

A: I ble _____ chi'n mynd _____ chi'n cael dewis?

B: _____ ni'n hoffi mynd i Fflorida fel teulu. _____ ni'n hoffi gweld byd Disney.

A: Iawn, wel Jac, dewch i ni weld (*let's see*) os dych chi'n gallu ennill yr arian a hedfan i Fflorida. Dych chi'n barod (*ready*)?

B: Ydw.

A: Ble _____ chi _____ chi'n dringo'r Annapurna?

B: Ym …. ym …. ym …. _____ i yn …. yn …. yn …. Ffrainc?

A: _____ X _____ chi ddim yn Ffrainc Jac. _____ chi yn yr Himalayas yn Nepal. Mae'n flin gyda fi ond hwyl fawr Jac!

B: Hwyl fawr ….. bw hw bw hw …..

C. Dych chi'n cofio?

+ Baswn i'n hoffi
? Faset ti'n hoffi?
- Fasen ni ddim yn hoffi

Ch. Dysgwch nawr:

Baswn i'n hoffi	=	Hoffwn i
Baset ti'n hoffi	=	Hoffet ti
Basai Sara/fe/hi'n hoffi	=	Hoffai Sara/fe/hi
Basen ni'n hoffi	=	Hoffen ni
Basech chi'n hoffi	=	Hoffech chi
Basen nhw'n hoffi	=	Hoffen nhw

Sylwch (*notice*) fod y terfyniadau (*endings*) yr un peth (*the same*). Mae 'baswn i'n hoffi' yn union yr un peth (*exactly the same*) â 'hoffwn i'. Ond sylwch ar (*notice*) y treiglad meddal:

Hoffwn i f̱ynd   Hoffet ti ḏdod
Hoffwn i ḏdawnsio   Hoffai fe g̱oginio
Hoffwn i o̱fyn   Hoffen ni ḏdarllen
Hoffwn i ḇysgota   Hoffech chi a̱rddio
Hoffwn i ḏalu   Hoffen nhw w̱eld

Treiglwch os oes angen:

Hoffwn i	_____ (cerdded)	Hoffen ni	_____ (prynu tŷ)
Hoffai hi	_____ (gweithio)	Hoffai Jim	_____ (aros)
Hoffen nhw	_____ (bwyta)	Hoffwn i	_____ (cysgu)
Hoffet ti	_____ (smwddio)	Hoffech chi	_____ (chwarae)

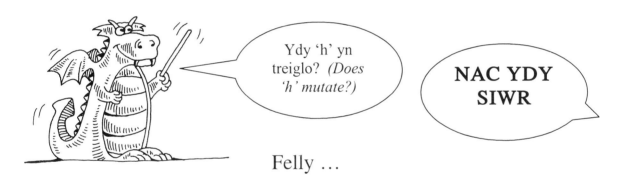

Ydy 'h' yn treiglo? (*Does 'h' mutate?*)

NAC YDY SIWR

Felly ...

Mae'n hawdd pawdd (*easy peasy*) . . . . . .

Hoffwn i fynd   →   Hoffwn i fynd?   →   Hoffwn i ddim m̱ynd

Defnyddiwch eich llais i ddangos
taw cwestiwn ydy e.
(*Use your voice to show it is
a question*)

Gorffennwch:

Hoffwn i	→	Hoffwn i?	→	Hoffwn i ddim
Hoffet ti	→		→	
	→	Hoffai fe/hi?	→	
	→		→	Hoffen ni ddim
Hoffech chi	→		→	
	→	Hoffen nhw?	→	

D. Gallwn i (*I could i.e., I would be able to*)

Allech chi nofio milltir?

Gallwn, gallwn i nofio milltir.

Wel…, gallwn i nofio'r Sianel yn hawdd.

MICI MODEST

BILI BROLIWR

Allech chi yfed pum peint?

Gallwn, gallwn i yfed pum peint o gwrw.

Wel…, gallwn i yfed naw peint o gwrw yn hawdd!

Allech chi redeg hanner marathon?

Gallwn, gallwn i redeg hanner marathon.

Wel, gallwn i redeg marathon yn hawdd.

Allet ti stopio brolio?

Ym……. NA ALLWN

Atebwch:

Pa mor (*how*) bell allai Mici nofio?   Gallai fe nofio milltir

Pa mor bell allai Bili nofio?   _____

Faint allai Mici yfed?   _____

Faint allai Bili yfed?   _____

Pa mor bell allai Mici redeg?   _____

Pa mor bell allai Bili redeg?   _____

Nawr, gofynnwch y tri chwestiwn uchod (*above*) i'ch partner chi.

Sut mae dweud:

	I could _____		*I would like* _____
(ti)	*You could* _____	(ti)	*You would like* _____
	He/she could _____		*He/she would like* _____
(chi)	*You could* _____	(chi)	*You would like* _____

Dych chi'n gweld patrwm? (*pattern*)

We would like _____

They would like _____

Dyfalwch/*Guess*:

We could _____

They could _____

Sut mae dweud:

Could you swim the Channel? (chi) _____

Could you drink ten pints? (chi) _____

Could you lift a car? (chi) _____

Could you run a marathon? (chi) _____

Could you stop boasting?! (ti) _____

Beth sy wedi digwydd yn y cwestiwn?/*What has happened in the question?*

G > ∠

∴ Gallen ni > _____ ?
Gallen nhw > _____?

Dd. Allwn i ddim (*I couldn't /I wouldn't be able to*)

Allwn i ddim rhedeg i lawr y stryd

Allwn i ddim nofio 10m

Allwn i ddim codi bag o siwgr

Allwn i ddim yfed peint o ddŵr

Allai Penri ddim byw heb ffrindiau

...... ond does dim ffrindiau gyda Bili

E. Parwch yr isod:

Allet ti ddod?   HOFFAI / NA HOFFAI

Allen nhw fynd?   GALLEN / NA ALLEN

Hoffai fe chwarae?   HOFFEN / NA HOFFEN

Allech chi weithio?   GALLWN / NA ALLWN

Hoffen ni siopa?   GALLET / NA ALLET

Allwn i sgïo?   HOFFWN / NA HOFFWN

Allai fe ofyn?   GALLEN / NA ALLEN

Hoffet ti ddarllen?   HOFFEN / NA HOFFEN

Hoffen nhw wybod?   GALLAI / NA ALLAI

Gofynnwch i'ch partner:

Allet ti/Allech chi ………?

	✓	✗
bwyta pîtsa 12″ (modfedd) eich hun pobi (*bake*) bara newid teiar weirio (*wire*) plwg gwneud cyrri nofio 500 metr byw tramor (*abroad*)		

Nawr, rhowch adborth (*feedback*) i'r dosbarth

F.   Dylwn i (*I should*)

Shwmae Sîan!
Wyt ti eisiau dod i
gerdded yn y Bannau
(*Beacons*) heddiw?

Dylwn i lanhau'r tŷ   Dylwn i smwddio dillad

Ddylwn i ddim mynd i gerdded

Dylwn i arddio   Dylwn i goginio

Iawn, faint o'r gloch wyt ti
eisiau mynd?

Beth ddylai Siân wneud?   Dylai hi lanhau'r tŷ.

_____   _____

_____   _____

OND

Beth mae Siân yn mynd i wneud?

_____

Sylwch fod y patrwm yn dilyn eto gyda'r terfyniadau.
Notice how the pattern is repeated in the endings once again.

(*would*)	(*would like*)	(*could*)	(*should*)
Bas<u>wn</u> i	Hoff<u>wn</u> i	Gall<u>wn</u> i	Dyl<u>wn</u> i
Bas<u>et</u> ti	Hoff<u>et</u> ti	Gall<u>et</u> ti	_____
Bas<u>ai</u> fe/hi	Hoff<u>ai</u> fe/hi	Gall<u>ai</u> fe/hi	Dyl<u>ai</u> fe/hi
Bas<u>en</u> ni	Hoff<u>en</u> ni	Gall<u>en</u> ni	_____
Bas<u>ech</u> chi	Hoff<u>ech</u> chi	Gall<u>ech</u> chi	_____
Bas<u>en</u> nhw	Hoff<u>en</u> nhw	Gall<u>en</u> nhw	_____

Yn ur un modd (*in the same way*), y patrwm gyda'r **+ ? ▬**

+	**?**	**▬**
Basech	Fasech chi	Fasech chi ddim
Hoffech chi	Hoffech chi	Hoffech chi ddim
Gallech chi	Allech chi	Allech chi ddim
Dylech chi	Ddylech chi	Ddylech chi ddim
	TREIGLAD MEDDAL	TREIGLAD MEDDAL

Ddylet ti ddim siarad wrth fwyta Joni
Ddylet ti ddim chwarae pêl yn y stryd Joni
Ddylet ti ddim aros allan ar ôl 7pm Joni

Na ddylwn Mam,
dw i'n gwybod

Dylwn
Mam,
dw i'n
gwybod

Dylet ti ddweud diolch Shani
Dylet ti wneud dy waith cartref Shani
Dylet ti dacluso (*tidy*) dy 'stafell Shani

Cwestiwn	Ateb
Ddylech chi?	Dylwn/Na ddylwn
Ddylai hi?	Dylai/Na ddylai

Gofynnwch y cwestiwn 'Beth ddylech chi wneud fory?' i bum person yn y dosbarth.

Ff.   Sgwrsio:

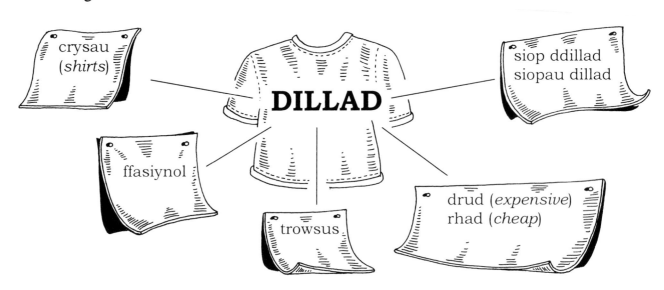

Cwestiynau posibl:

Pa ddillad dych chi'n hoffi gwisgo?
Ble dych chi'n mynd i siopa am ddillad?
Dych chi'n dilyn ffasiwn?
Beth oedd lliw eich gwisg ysgol chi?
Beth brynoch chi ddiwetha? Ble?

1.   Dych chi wedi dysgu:

1)

+	?	—
Hoffwn	Hoffwn i?	Hoffwn i ddim
Hoffet ti	Hoffet ti?	Hoffet ti ddim
Hoffai fe/hi	Hoffai fe/hi?	Hoffai fe/hi ddim
Hoffen ni	Hoffen ni?	Hoffen ni ddim
Hoffech chi	Hoffech chi?	Hoffech chi ddim
Hoffen nhw	Hoffen nhw?	Hoffen nhw ddim

2)

+	?	—
Gallwn i	Allwn i?	Allwn i ddim
Gallet ti	Allet ti?	Allet ti ddim
Gallai fe/hi	Allai fe/hi?	Allai fe/hi ddim
Gallen ni	Allen ni?	Allen ni ddim
Gallech chi	Allech chi?	Allech chi ddim
Gallen nhw	Allen nhw?	Allen nhw ddim

3)

+	?	—
Dylwn i	Ddylwn i?	Ddylwn i ddim
Dylet ti	Ddylet ti?	Ddylet ti ddim
Dylai fe/hi	Ddylai fe/hi?	Ddylai fe/hi ddim
Dylen ni	Ddylen ni?	Ddylen ni ddim
Dylech chi	Ddylech chi?	Ddylech chi ddim
Dylen nhw	Ddylen nhw?	Ddylen nhw ddim

2.   Geirfa

anifail (g)	*animal*	dringo	*to climb*
ceffyl (g)	*horse*	glanhau	*to clean*
crys (g)	*shirt*	gwahodd	*to invite*
digon (g)	*enough*	hedfan	*to fly*
gwisg (b)	*uniform*	pobi	*to bake*
gwobr (b)	*prize*	tacluso	*to tidy*
modfedd (b)	*inch*	drud	*expensive*
		hawdd	*easy*
		parod	*ready*
		pell	*far*
		rhad	*cheap*
		efallai	*perhaps*
		heb	*without*

UNED 25 - HELPWCH EICH HUN - GARTRE

1. Atebwch y cwestiynau:

Beth hoffech chi wneud fory? ____________________

Beth ddylech chi wneud fory? ____________________

Beth allech chi wneud tasai amser gyda chi? ____________________

Ble hoffech chi fynd ar eich gwyliau nesa? ____________________

Beth ddylech chi wneud cyn mynd i'r gwely? ____________________

Pwy hoffech chi weld yn canu mewn cyngerdd? ____________________

2. Cyfieithwch:

I would like to use the phone

____

You shouldn't arrive late (*ti*)

____

Could she walk home from class?

____

We wouldn't like to win the lottery

____

They shouldn't listen

____

You could write a nofel (*chi*)

____

3. **Ysgrifennwch baragraff am ddillad. Defnyddiwch ddarn arall o bapur.** (*Use a separate piece of paper.*)

---

4. Darllen a Deall

TAITH I FRWSEL

Taith i Frwsel gan aros yng Ngwesty'r Pavilion am dair noson. Bydd gwely a brecwast yn y pris, ond dim swper nos.

Pryd?   28-31 Hydref 2002
Faint?   £300

Bydd bws y de yn mynd o ardal Caerfyrddin am 6.30am bore Llun ac yn dod yn ôl tua 10.30pm nos Iau. Bydd hi'n bosibl trefnu bws o'r gogledd os bydd eisiau.

Rhaid i chi anfon £50 (blaendâl) erbyn 1 Mai 2002.

Atebwch:

1. I ble mae'r daith yn mynd? _____

2. Ble bydd pobl yn aros? _____

3. Fydd eisiau talu am frecwast? _____

4. Beth ydy pris y daith? _____

5. Pa dair noson fydd y daith? _____

6. Beth mae'n rhaid i chi wneud cyn Mai 2002? _____

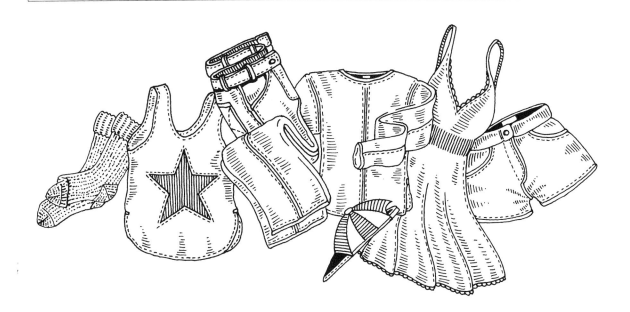

5. Nodwch bum gair/ymadrodd defnyddiol (*useful*) o'r uned.

un   _____

dau   _____

tri   _____

pedwar _____

pump   _____

56

Uned Dau Ddeg Chwech

Y GODDEFOL (*Passive*)
ee. Ces i fy ngeni
eg. I was born

A. Siaradwch:

I ble hoffech chi fynd ar wyliau nesa?

Oes cymdogion neis gyda chi?

Dych chi'n hoffi gêmau bwrdd?
Pa rai? (*Which ones?*)

B. Adolygu: Llenwch y bylchau:

_____ ?	✓	Hoffwn, hoffwn i arddio fory
Hoffech chi symud tŷ?	✓	_____, _____
Allet ti sgïo?	✗	_____, _____
Ddylech chi fynd?	✓	_____, _____
Ddylai fe weithio?	✗	_____, _____
_____ ?	✗	Na ddylen, ddylen nhw ddim nofio
_____ ?	✓	Hoffai, hoffai hi redeg
Allen ni fwyta?	✗	_____, _____
Hoffet ti ddawnsio?	✓	_____, _____
_____ ?	✗	Na allwn, allwn i ddim dod
Ddylen nhw smwddio?	✓	_____, _____
_____ ?	✓	Hoffen, hoffen nhw gerdded

57

C. Cofiwch:

CAEL (*Gorffennol*)			RHAGENWAU (*Pronouns*)		
Ces i			fy _____ i		
Cest ti	T.M		dy _____ di		
Cafodd e/hi/Jac	T.M/	t - th c - ch	ei _____ e/ei _____ hi		
Cawson ni	D.T	p - ph	ein _____ ni		
Cawsoch chi	D.T		eich _____ chi		
Cawson nhw	D.T		eu _____ nhw		

Gofynnwch i'ch partner beth gawson nhw i frecwast, i ginio, i de ac i swper ddoe. Wedyn, dwedwch wrth eich partner newydd beth gafodd eich partner cynta.

CH. Dysgwch:

geni	Ces i fy ngeni	(*I was born*)
magu	Ces i fy magu	(*I was brought up*)
gweld	Ces i fy ngweld	(*I was seen*)
cusanu	Ces i fy nghusanu	(*I was kissed*)
talu	Ces i fy nhalu	(*I was paid*)

Ble cawsoch chi eich geni?
Ble cawsoch chi eich magu?

Shwmae, Siriol dw i.
Ces i fy ngeni ym Mhontypridd a ches i fy magu ym Mhontypridd.

Ble cawsoch chi eich geni?
Ble cawsoch chi eich magu?

Shwmae, Alun dw i.
Ces i fy ngeni ym Machynlleth ond ces i fy magu yng Nghaerffili.

Ble cest ti dy eni?
Ble cest ti dy fagu?

Shwmae, Tomos dw i.
Ces i fy ngeni yng Nghaerdydd ond symudon ni pan o'n i'n ifanc a ches i fy magu yn Aberystwyth.

Ble cest ti dy eni?
Ble cest ti dy fagu?

Shwmae, Sara dw i.
Ces i fy ngeni yn Ninbych y Pysgod (*Tenby*) a ches i fy magu yna hefyd.

Atebwch:

Ble cawsoch chi eich geni a'ch magu?

Ces   i   _____ _____ _____ _____

_____ __ _____ ___magu___ _____ _____

Nawr gofynnwch i bobl eraill yn y dosbarth ble cawson nhw eu geni a'u magu.
Felly, beth ydy'r cwestiwn '*Where were you born?*'

_____

Beth ydy'r cwestiwn '*Where were you brought up?*'

_____

ENW	GENI	MAGU
1.		
2.		
3.		
4.		
5.		

Nawr dyn ni'n mynd i newid 'geni' a 'magu' a defnyddio berfau (*verbs/action words*) eraill
e.e.

CICIO  MAM!! Ces i fy nghicio
(*I was kicked*)

> Cofiwch y Treiglad Trwynol ar ôl 'fy'

 CUSANU   Wwww!!! _____
(*I was kissed*)

 DAL   WPS!!! _____
(*I was caught*)

ARESTIO   O NA!!! _____
(*I was arrested*)

 CLYWED   SHHH!! _____
(*I was heard*)

D. Cafodd e ei eni / Cafodd hi ei geni

Cafodd hi <u>ei g</u>eni yn y Barri	Cafodd e <u>ei e</u>ni yng Nghaerdydd
Cafodd hi <u>ei m</u>agu yn y Barri	Cafodd e <u>ei f</u>agu yng Nghapel Cynon
Cafodd hi <u>ei d</u>ysgu yn Ysgol Plasmawr	Cafodd e <u>ei dd</u>ysgu yn Ysgol Dyffryn Teifi
Cafodd hi <u>ei ch</u>usanu gan Jim	Cafodd e <u>ei g</u>usanu gan Jane
Cafodd hi <u>ei g</u>weld yn y sinema	Cafodd e <u>ei w</u>eld yn y theatr

Sylwch ar (*notice*) y treiglad

ei   t - th   hi   ei + e   T. Meddal
      c - ch
      p - ph

Cofiwch waith Uned 23

Llenwch y tabl:

_____ yn Grangetown	Magu	_____ yn y Rhondda
_____ gan y bos	Talu	_____ gan y cwmni
_____ am ddwyn (to steal)	Carcharu (*to imprison*)	_____ am 6 mis
_____ yn y tŷ	Geni	_____ yn yr ysbyty
_____ gan y coleg	Cyflogi (*to employ*)	_____ gan y cyngor (*council*)
_____ yn siarad	Clywed	_____ yn canu

DD. Sgwrsio:

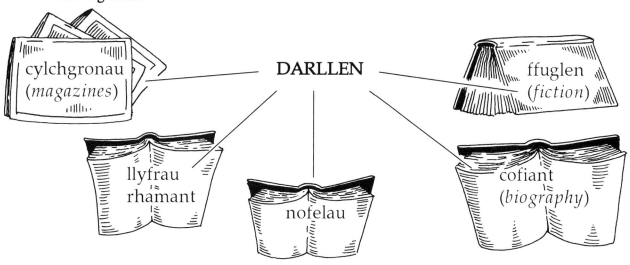

Cwestiynau posibl:

Dych chi'n hoffi darllen? Beth?
Dych chi'n darllen llyfr ar y foment? Beth?
Dych chi'n darllen cylchgronau? Pa rai?
Ble dych chi'n hoffi darllen?
O'ch chi'n hoffi darllen pan o'ch chi'n blentyn?

RE CAP

1. **Dych chi wedi dysgu:**

1) Ces i fy ngeni
   Ces i fy magu
   Ces i fy nhalu
   Ces i fy nghlywed   a.y.b.

2) Ble cawsoch chi eich geni/magu?

   Ble cest ti dy eni/fagu?

3) Cafodd e ei eni
   Cafodd e ei fagu
   Cafodd e ei dalu
   Cafodd e ei gicio

(Treiglad Meddal)
   t   d   ll
   c   g   m
   p   b   rh

4) Cafodd hi ei geni
   Cafodd hi ei magu
   Cafodd hi ei thalu
   Cafodd hi ei chicio

(Treiglad llaes)
   t - th
   c - ch
   p - ph

2. **Geirfa**

cwmni (g)	*company*	dwyn	*to steal*
cyngor (g)	*council, advice*	gwerthu	*to sell*
pentref (g)	*village*	magu	*to bring up*
eglwys (b)	*church*	twyllo	*to cheat, deceive*
tref (b)	*town*	ifanc	*young*
arestio	*to arrest*	taclus	*tidy*
carcharu	*to imprison*	ar werth	*for sale*
cicio	*to kick*	ar y foment	*at the moment*
cyflogi	*to employ*	gan	*by*
disgrifio	*to describe*	i ffwrdd	*away*

---

1. Llenwch y bylchau:

	FI	FE	HI
GWELD	Ces i fy ngweld	Cafodd e ei weld	Cafodd hi ei gweld
CYFLOGI (*to employ*)			
CARCHARU (*to imprison*)			
TWYLLO (*to cheat*)			
DYSGU			
GENI			
MAGU			

---

2. Ysgrifennwch tua 50 gair am 'Ddarllen'. Ysgrifennwch ar ddarn arall o bapur. (*Use a separate sheet of paper.*)

3. Darllen a Deall

AR WERTH - Jones a'i Feibion

54 Ffordd y Llan, Cwmaber

<u>Y Tŷ</u>
Mae 54, Ffordd y Llan yn dŷ Edwardaidd mawr ym mhentref Cwmaber. Mae pedair ystafell wely, cegin, dwy ystafell ymolchi, lolfa, parlwr a garej. Mae'r garej yn ddigon mawr i ddal dau gar. Mae grant ar gael i lagio'r to. Does dim gwres canolog. Mae'r ardd yn fawr ac yn daclus.

<u>Yr Ardal</u>
Mae'r pentref yn un hyfryd ac mae pawb yn ffrindiau da iawn. Mae tair siop ac eglwys ac yn y dref nesaf (tua 10 milltir i ffwrdd), mae ysgolion, canolfan siopa, canolfan hamdden a phwll nofio. Mae llawer o ymwelwyr yn dod i'r ardal yn yr haf.

Atebwch y cwestiynau:

1. Pwy sy'n gwerthu'r tŷ? _____

2. Pa fath o (what kind of) dŷ ydy 54 Ffordd y Llan? _____

    _____

3. Sawl ystafell wely sy yn y tŷ? _____

4. Sawl car sy'n gallu mynd yn y garej? _____

5. Disgrifiwch yr ardd. _____

6. Beth sy yn y pentref? _____

7. Oes ysgol yn y pentref? _____

8. Pam mae'r ardal yn brysur yn yr haf? _____

---

4. Nodwch bum gair/ymadrodd defnyddiol o'r uned.

un _____

dau _____

tri _____

pedwar _____

pump _____

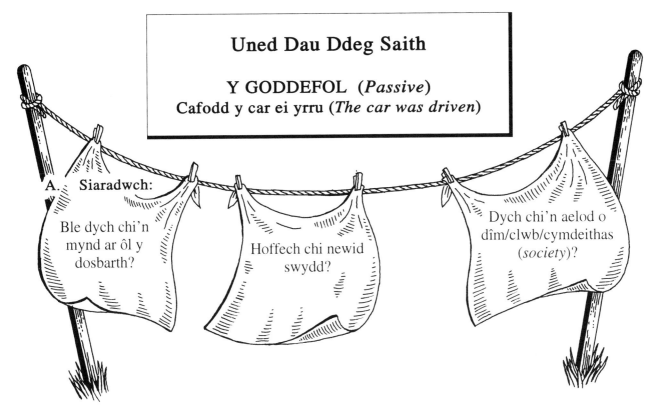

Uned Dau Ddeg Saith

Y GODDEFOL (*Passive*)
Cafodd y car ei yrru (*The car was driven*)

A. Siaradwch:

Ble dych chi'n mynd ar ôl y dosbarth?

Hoffech chi newid swydd?

Dych chi'n aelod o dîm/clwb/cymdeithas (*society*)?

B. Adolygu:

Peter dw i a dw i'n hapus nawr. Ond, ym 1975 ces i fy ngharcharu am ddwyn arian o'r banc. Ces i fy nal gan yr heddlu ar fy ffordd allan o'r adeilad. Ces i fy arestio ac ar ôl yr achos yn y llys (court case) ces i fy nhgarcharu am ddwy flynedd. Ces i fy nal ar y camera yn y banc. Do'n i ddim yn hapus. Roedd byw yn y carchar yn ofnadwy. Roedd y bobl a'r bwyd a'r lle yn ofnadwy. Ar ôl un flwyddyn ces i fy rhyddhau ac es i adre at fy nheulu. Fydda i byth yn dwyn eto, byth, byth.

- Rhowch y lluniau yn eu trefn gywir.

Newidiwch y stori a'i hadrodd yn y 3ydd person! 'Peter ydy e, ac mae e'n hapus nawr. Ond, ...

Nawr ceisiwch adrodd y stori drwy edrych ar y lluniau a heb (*without*) ddarllen y sgript.

C. Cafodd y llyfr ei ysgrifennu …..

enw
gwrywaidd

Cofiwch:	Cafodd	Jon	ei	weld
	Cafodd	y car	ei	werthu
	Cafodd	y car	ei	baentio
	Cafodd	y car	ei	drwsio
	Cafodd	y car	ei	brynu
	Cafodd	y car	ei	yrru

enw
benywaidd

Cofiwch:	Cafodd	Jane	ei	gweld
	Cafodd	y garafan	ei	gwerthu
	Cafodd	y garafan	ei	phaentio
	Cafodd	y garafan	ei	thrwsio
	Cafodd	y garafan	ei	phrynu
	Cafodd	y garafan	ei	gyrru

Felly mae gwrthrychau yn gweithredu yn yr un ffordd â phobl.
(*We treat objects in the same way as people.*)

e.e.

Jane	Cafodd Jane ei gweld
carafan	Cafodd y garafan ei gweld

Jon	Cafodd Jon ei weld
car	Cafodd y car ei weld.

Ch. Enwau gwrywaidd (*masculine*)

LLYFR + YSGRIFENNU

Cafodd y llyfr ei ysgrifennu gan Dickens

TŶ + GWERTHU

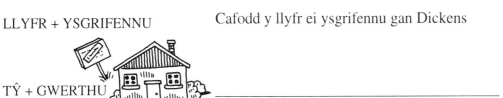

_____ am £64,000

CI + BWYDO
(*to feed*)

_____ am 7 o'r gloch

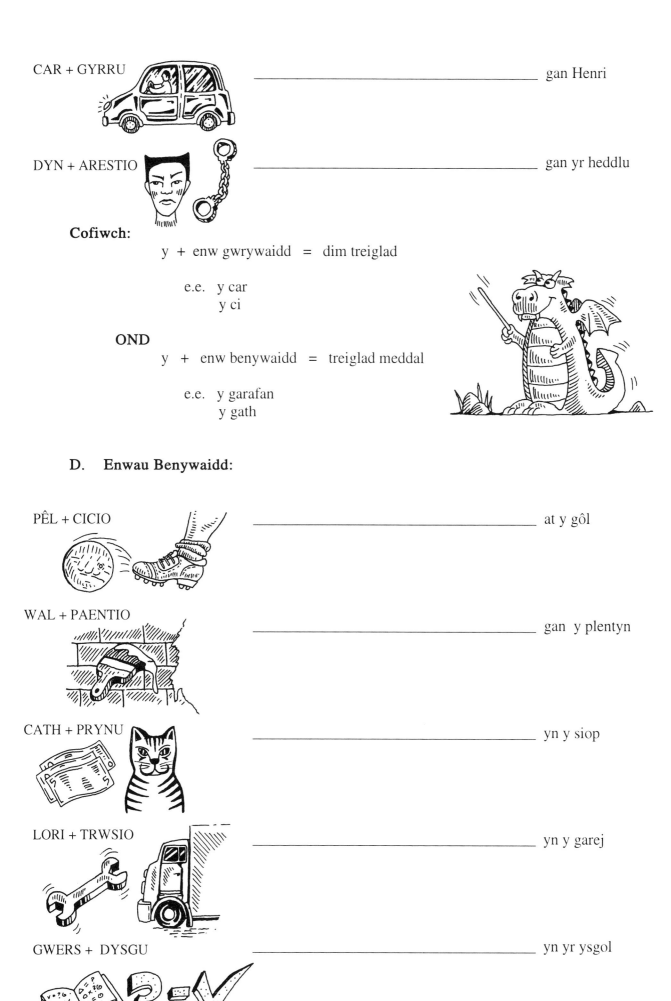

CAR + GYRRU _____ gan Henri

DYN + ARESTIO _____ gan yr heddlu

Cofiwch:

y + enw gwrywaidd = dim treiglad

e.e. y car
y ci

OND

y + enw benywaidd = treiglad meddal

e.e. y garafan
y gath

D. **Enwau Benywaidd:**

PÊL + CICIO _____ at y gôl

WAL + PAENTIO _____ gan y plentyn

CATH + PRYNU _____ yn y siop

LORI + TRWSIO _____ yn y garej

GWERS + DYSGU _____ yn yr ysgol

Dd. Unwch A a B

A	B
Ces i	ei chicio
Cest ti	ei gicio
Cafodd e	eu cicio
Cafodd hi	fy nghicio
Cafodd y ci	eich cicio
Cafodd y gath	ei gicio
Cawson ni	dy gicio
Cawsoch chi	ei chicio
Cawson nhw	ein cicio

Sut mae dweud:

You were kicked (*ti*) _____

You were kicked (*chi*) _____

Dych chi'n cofio?

+	**?**	**—**
Cest ti	Gest ti	Chest ti ddim

Sut mae dweud:

Were you kicked? (*ti*) _____

Were you kicked? (*chi*) _____

Were you kissed? (*ti*) _____

Were you seen? (*chi*) _____

Were you heard? (*ti*) _____

Where were you born? (*chi*) _____

When were you born? (*ti*) _____

E. Cawson ni ein cicio

Dim treiglad, hwrê!!

Ein bywydau ni (*our lives*)

Cawson ni ein hysgrifennu gan yr awdur (*author*)

Cawson ni ein teipio ar gyfrifiadur

Cawson ni ein postio at y cyhoeddwyr (*publishers*)

Cawson ni ein gwerthu mewn siopau

Cawson ni ein prynu gan ddarllenwyr

Cawson ni ein darllen gan bobl

to write - ysgrifennu
to print - argraffu

We were written - _____

We were printed - _____

| h | Dych chi'n cofio uned 23?

ei hysgol hi   Cafodd hi ei harestio
ein hysgol ni   Cawson ni ein harestio
eu hysgol nhw   Cawson nhw eu harestio

ei
ein   + h + a e i o u w y
eu

F. Cawson nhw eu cicio

Dim treiglad, hwrê!!!

Beth ddigwyddodd (*happened*) iddyn nhw yr wythnos diwetha?

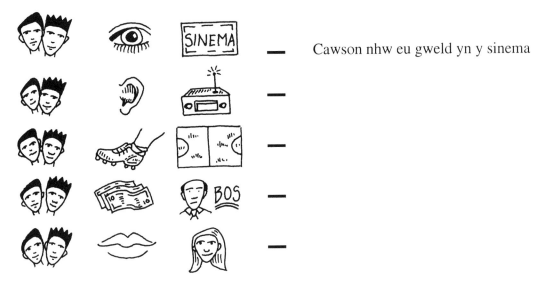

Cawson nhw eu gweld yn y sinema

Nawr, edrychwch ar E. Dych chi'n cofio   ?

Dwedwch wrth eich partner chi beth ddigwyddodd (*happened*) iddyn nhw.

e.e. Cawson nhw eu hysgrifennu gan yr awdur

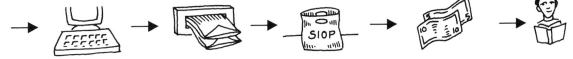

Ff. Sgwrsio:

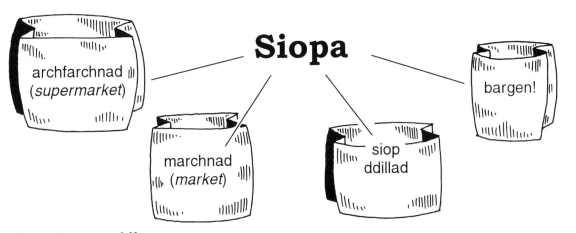

Cwestiynau posbil:

Ble dych chi'n siopa fel arfer?
Dych chi'n mynd i archfarchnad i brynu bwyd bob wythnos?
Oes marchnad yn eich ardal chi?
Gawsoch chi fargen yn ddiweddar?
Beth oedd y peth diwetha brynoch chi?

1. Dych chi wedi dysgu:

1) Cafodd y car ei drwsio
    Cafodd y dyn ei gusanu   Treiglad Meddal
    Cafodd y ci ei fwydo

    Cafodd y garafan ei thrwsio
    Cafodd y ferch ei chusanu   Treiglad Llaes   t - th
    Cafodd y gath ei bwydo   c - ch
                                                       p - ph

2) Gest ti dy weld?   Gest ti dy glywed?
    Gawsoch chi eich gweld?   Gawsoch chi eich clywed?

    Pryd cest ti dy eni?   Ble cest ti dy fagu?
    Pryd cawsoch chi eich geni?   Ble cawsoch chi eich magu?

3) Cawson ni ein geni
    Cawson ni ein talu

4) Cawson nhw eu geni
    Cawson nhw eu talu

2. Geirfa

achos (g)	*case, cause*	cyhoeddwyr (ll)	*publishers*
awdur (g)	*author*	heddlu (ll)	*police*
llys (g)	*court*	bwydo	*to feed*
saer (g)	*carpenter*	digwydd	*to happen*
archfarchnad (b)	*siop fawr fel Tesco a Sainsburys*	trwsio	*to repair*
		byr	*short*
ardal (b)	*area*	diweddar	*recent*
braich (b)	*arm*	tua	*about (approximately)*
desg (b)	*desk*		
marchnad (b)	*market*		
siaced (b)	*jacket*		
wal (b)	*wall*		

1. Atebwch y cwestiynau - Dilynwch y patrwm:

Pwy ganodd y gân? Y Beatles   Cafodd y gân ei chanu gan Y Beatles

Pwy ysgrifennodd y gerddoriaeth? Bach   _____

Pwy enillodd y cwpan?   Abertawe   _____

Pwy drefnodd y gwyliau? Thomas Cook   _____

Pwy wnaeth y rhaglen? BBC Cymru   _____

Pwy brynodd y trowsus? John   _____

Pwy werthodd y car? Siân   _____

Pwy hedfanodd yr awyren? Y peilot   _____

Pwy newidiodd y teiar? Y mecanic   _____

Pwy symudodd y papurau? Y bos   _____

Pwy daclusodd y ddesg? Nia   _____

2. Ysgrifennwch tua 50 gair am 'Siopa'. Defnyddiwch ddarn arall o bapur. *(Use a separate sheet of paper.)*

3. Darllen a Deall

Mae Heddlu Llanaber eisiau siarad â dau berson achos cafodd arian ei ddwyn o fanciau yn y dref ddoe.

Mae un o'r ddau yn ifanc, tua dwy ar hugain oed. Mae e'n dal ac mae ei wallt e'n fyr iawn. Mae llygaid glas gyda fe ac mae tatŵ gyda fe ar ei fraich. Mae e tua 12 stôn. Ddoe roedd e'n gwisgo 'jeans' glas, siaced ddu a chrys denim.

Mae'r dyn arall tua phedwar deg pump. Mae e'n fach a ddoe roedd e'n gwisgo dillad drud - siwt, crys a thei. Mae llygaid brown a gwallt du gyda fe. Mae ei drwyn e'n fawr iawn.

Ffoniwch yr heddlu os dych chi wedi gweld y ddau yma.

Atebwch y cwestiynau:

Beth ddigwyddodd (*happened*) yn Llanaber ddoe?

_____

Ysgrifennwch oedran (*age*) y ddau ddyn mewn ffigurau.

_____

Sut mae'r ddau ddyn yn edrych yn wahanol (*different*)?

<u>Dyn 1</u>	<u>Dyn 2</u>
e.e. Mae e'n dal	Mae e'n fach
_____	_____
_____	_____
_____	_____

Beth mae'r heddlu eisiau i chi wneud os dych chi'n gweld y ddau?

_____

4. Nodwch bum gair/ymadrodd defnyddiol (*useful*) o'r uned.

un _____

dau _____

tri _____

pedwar _____

pump _____

73

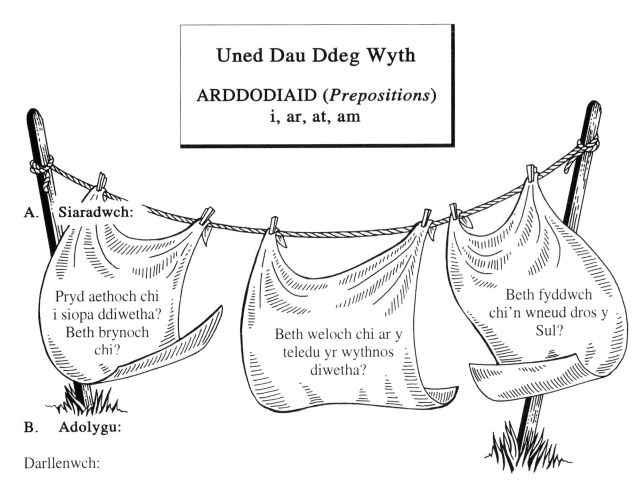

Uned Dau Ddeg Wyth

ARDDODIAID (*Prepositions*)
i, ar, at, am

A. Siaradwch:

Pryd aethoch chi i siopa ddiwetha? Beth brynoch chi?

Beth weloch chi ar y teledu yr wythnos diwetha?

Beth fyddwch chi'n wneud dros y Sul?

B. Adolygu:

Darllenwch:

Pan oedd e'n blentyn, roedd Jac yn byw ym Mhontypridd. Aeth e i Ysgol Gynradd Evan James ac Ysgol Uwchradd Rhydfelen. Roedd e wrth ei fodd yn chwarae rygbi ac yn aelod o dîm yr ysgol. Roedd e hefyd yn nofio dros yr ysgol. Ar ôl gadael yr ysgol aeth e i'r Coleg Addysg Bellach lleol (*local Further Education College*) i hyfforddi (*to train*) fel saer. Erbyn hyn mae ei fusnes ei hunan gyda fe. Mae e'n briod ag Anne, merch o'r Alban ond yng Nghymru maen nhw'n byw. Mae hi wedi dysgu Cymraeg a Chymraeg maen nhw'n siarad.

Atebwch y cwestiynau:

Ble cafodd John ei fagu? _____

Ble cafodd e ei ddysgu? _____

Ym mha chwaraeon cafodd e ei ddewis (*to choose*) i chwarae dros yr ysgol? _____

_____

Ble cafodd e ei hyfforddi? _____

Ble cafodd ei wraig e ei geni? _____

Gorffennwch y cwestiynau isod:

Ble cawsoch chi eich _____ ?

Gawsoch chi eich dewis i _____ dros yr ysgol?

Ble cafodd eich _____ ei eni?

Ble cafodd eich _____ ei magu?

Gofynnwch y cwestiynau i dri (3) pherson a llenwch y tabl am un ohonyn nhw (*about one of them*)

Cafodd _____ ei _____ yn _____

Cafodd _____ ei _____ i _____ dros yr ysgol

Cafodd _____ ei eni yn _____

Cafodd _____ ei magu yn _____

C.   AR:

Cofiwch: Mae annwyd ARNA I

Llenwch y bylchau:

Mae annwyd _____ fe

Mae peswch arni _____

Mae gwres _____ i

Mae'r ddannodd _____ chi

Mae cywilydd _____ nhw

Mae syched arnon _____

Oes hiraeth _____ ti?

Oes ofn arnoch _____?

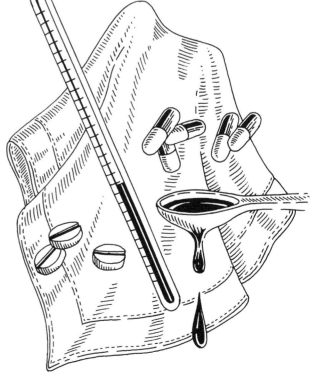

Dysgwch:

Edrych -
Dw i'n hoffi **edrych ar** y teledu

Gwrando -
Dw i'n hoffi **gwrando ar** y radio

Dwlu -
Dw i'n **dwlu ar** fwyd Indian

Gweiddi (*to shout*) -
Dw i ddim yn **gweiddi ar** y plant yn aml

Gwenu (*to smile*)
Dw i'n **gwenu ar** y camera

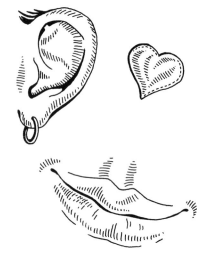

Mae treiglad meddal (*soft mutation*) ar ôl 'ar' - Dw i'n dwlu ar f̲wyd Indian

AR *also means* ON

Gweithiais i ar y ddesg
Cerddais i ar y pafin (*pavement*)
Eisteddais i arnyn nhw

Dysgwch y cwestiynau:

Ar beth dych chi'n hoffi edrych?
Ar beth dych chi'n hoffi gwrando?
Ar beth dych chi'n dwlu?

Gofynnwch y cwestiynau i bobl yn y dosbarth:

Enw	Edrych?	Gwrando?	Dwlu?

Llenwch y Bylchau:

Gwrandawais i _____ y radio

Gwaeddais i _____ fe

Gwaeddais i _____ y plant

Gwenais i _____ ti

Gwenodd e _____ nhw

Edrychais i _____ y gêm

Edrychodd e _____ hi

Gwrandawais i _____ hi'n canu

Edrychodd e _____ y teledu

Cerddodd e _____ y pafin

Eisteddon nhw _____ y cadeiriau

Gwrandawoch chi _____ ni

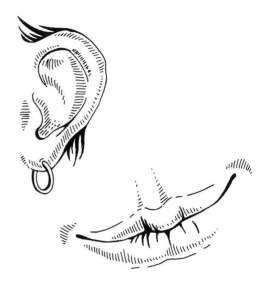

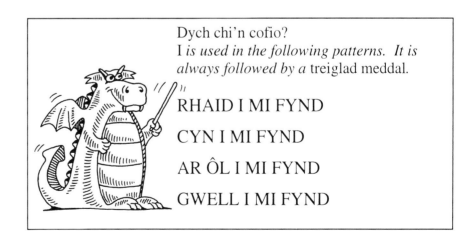

Ch. I

Cofiwch,

i mi

i ti

_____ fe

_____ hi

_____ ni

_____ chi

_____ nhw

Dych chi'n cofio?
I *is used in the following patterns. It is always followed by a* treiglad meddal.

RHAID I MI FYND

CYN I MI FYND

AR ÔL I MI FYND

GWELL I MI FYND

Dysgwch:

Dw i'n gofyn i chi fynd

Dilynwch y patrwm

Dych chi'n gallu agor y ffenest?

Gofynnodd e i mi agor y ffenest

Dych chi'n gallu cau'r drws?

_____

Dych chi'n gallu ffeilio?

_____

Dych chi'n gallu diffodd y golau?

_____

Dych chi'n gallu newid fy llyfr?

_____

Dych chi'n gallu symud eich car?

_____

Dych chi'n gallu tacluso?

_____

D. AT

Dw i'n **mynd at** y meddyg fory

Dw i'n **mynd at** y deintydd yr wythnos nesa

Dw i'n **ysgrifennu at** fy mrawd i yn Awstralia

Dyn ni'n defnyddio 'at' gyda phobl:

Dw i'n mynd i'r gwaith

ond

Dw i'n mynd at y meddyg

Llenwch y tabl:

ata i	_____ ni
_____ ti	_____ chi
_____ hi	
_____ fe	_____ nhw

Gyda'ch partner, llenwch y bylchau:

Ysgrifennodd e _____ nhw

Cofia fi _____ hi

Bydda i'n postio cerdyn _____ y plant fory

Rhaid i ti fynd _____ y meddyg

Ysgrifennwch _____ fe

Mae mam yn cofio _____ chi

Mae Lleucu wedi mynd _____ y deintydd

Byddan nhw'n postio'r dillad _____ i

Dd. AM:

Beth amdana i?   *What about me?*

Beth _____ ti?   _____

Beth _____ hi?   _____

Beth _____ fe?   _____

Beth _____ ni?   _____

Beth _____ chi?   _____

Beth _____ nhw?   _____

Hefyd

darllen am

ysgrifennu am   about   chwilio am   - *to look for*

meddwl am

siarad am   talu am   - *to pay for*

Atebwch:

Am beth ysgrifennoch chi yn eich gwaith cartref yr wythnos diwetha?

_____

Am beth dych chi'n talu bob wythnos?

_____

Am beth darllenoch chi ddoe?

_____

Am beth dych chi'n hoffi siarad gyda'ch ffrindiau chi?

_____

Gofynnwch y cwestiynau i bawb yn y dosbarth.

E.   Sgwrsio:

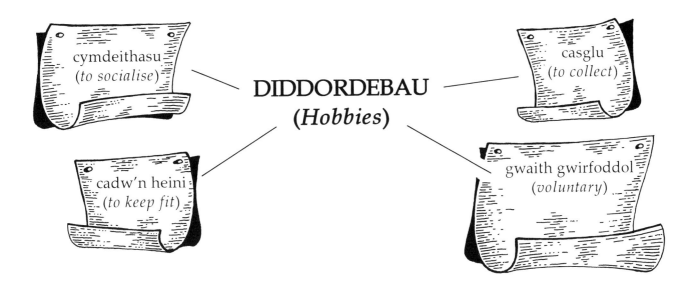

cymdeithasu
(*to socialise*)

casglu
(*to collect*)

DIDDORDEBAU
(*Hobbies*)

cadw'n heini
(*to keep fit*)

gwaith gwirfoddol
(*voluntary*)

Rhai cwestiynau posibl:

Oes diddordebau gyda chi?
Dych chi'n hoffi cymdeithasu? Ble a phryd?
Dych chi'n cadw'n heini?
Dych chi'n gwneud gwaith gwirfoddol?
Dych chi'n casglu rhywbeth?
O'ch chi'n casglu rhywbeth pan o'ch chi'n blentyn?

1.   Dych chi wedi dysgu:

I	AR	AT	AM
i mi	arna i	ata i	amdana i
i ti	arnat ti	atat ti	amdanat ti
iddo fe	arno fe	ato fe	amdano fe
iddi hi	arni hi	ati hi	amdani hi
i ni	arnon ni	aton ni	amdanon ni
i chi	arnoch chi	atoch chi	amdanoch chi
iddyn nhw	arnyn nhw	atyn nhw	amdanyn nhw
↑	↑	↑	↑
gofyn	edrych	mynd	darllen
	gwrando	ysgrifennu	ysgrifennu } *about*
	dwlu	cofio	meddwl
	gweiddi	postio	siarad
	gwenu	anfon (*to send*)	chwilio } *for*
		GYDA	talu
		PHOBL	

2.   Geirfa

busnes (g)	*business*	dewis	*to choose*
deintydd (g)	*dentist*	dwlu (ar)	*to be mad on, to love*
diddordeb (g)	*interest*	gweiddi	*to shout*
pafin (g)	*pavement*	gwenu	*to smile*
addysg (b)	*education*	hyfforddi	*to train*
cadeiriau (ll)	*chairs*	aml	*often*
cadw'n heini	*to keep fit*	gwirfoddol	*voluntary*
casglu	*to collect*	lleol	*local*
cymdeithasu	*to socialise*	priod	*married*
chwilio (am)	*to look (for)*	uwchradd	*secondary* (ysgol uwchradd)

1. Llenwch y tablau:

arna	i	_____	i	_____	i
_____	ti	_____	ti	_____	ti
_____	fe	amdano	fe	_____	fe
_____	hi	_____	hi	_____	hi
_____	ni	_____	ni	_____	ni
_____	chi	_____	chi	atoch	chi
_____	nhw	_____	nhw	_____	nhw

2. Llenwch y bylchau:

Edrychais i _____ y teledu

Gofynnodd e _____ ni

Talais i _____ nhw

Ro'n i'n chwilio _____ y plant

Mae hi'n gweiddi _____ i trwy'r amser

Rhaid i ti fynd _____ y meddyg

Dw i'n dwlu _____ fwyd yr Eidal

_____ beth dych chi'n meddwl nawr?

Gofynnodd hi _____ mi fynd gyda hi

Anfonais i flodau _____ hi

83

3. Ysgrifennwch tua 50 gair am eich diddordebau chi. Defnyddiwch ddarn arall o bapur. *(Use a separate sheet of paper.)*

---

4. **Darllen a Deall**

DECHRAU YN YR YSGOL

Dw i'n cofio dechrau yn yr ysgol yn dda iawn. Roedd hi'n bwrw glaw. Ro'n i'n bedair a hanner a do'n i ddim eisiau mynd. Dw i'n cofio crio wrth fynd o'r tŷ i'r ysgol. Aeth mam â fi i mewn i'r dosbarth - roedd yr ystafell yn hyfryd ac yn daclus. Ond dechreuais i grio. Yna ces i sioc. Gwaeddodd yr athrawes arnon ni, y plant bach newydd. Roedd rhaid i ni eistedd ar y llawr caled. Dechreuais i grio eto. Ond erbyn diwedd y dydd, ro'n i'n gallu canu cân newydd, ac ro'n i'n gallu ysgrifennu fy enw. Ro'n i'n hapus iawn i weld mam am hanner awr wedi tri, ond chriais i ddim ar y ffordd i'r ysgol y diwrnod wedyn.

Atebwch y cwestiynau:

1. Sut roedd y tywydd pan ddechreuodd e yn yr ysgol?

    _____

2. Beth wnaeth e ar y ffordd i'r ysgol?

    _____

3. Pwy oedd gyda fe?

    _____

4. Pam cafodd e sioc?

    _____

5. Beth ddysgodd e yn yr ysgol?

    _____

6. Griodd e ar ei ail ddiwrnod (*second day*) yn yr ysgol?

    _____

5. Nodwch bum gair/ymadrodd defnyddiol o'r uned.

un   _____

dau   _____

tri   _____

pedwar _____

pump   _____

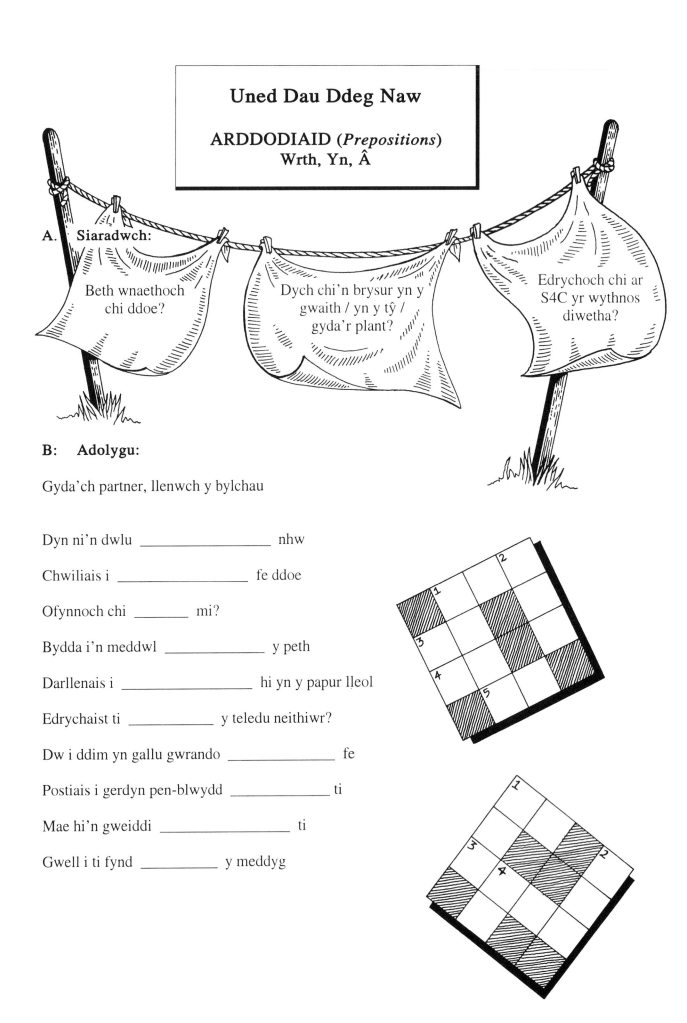

Uned Dau Ddeg Naw

ARDDODIAID (*Prepositions*)
Wrth, Yn, Â

A. **Siaradwch:**

Beth wnaethoch chi ddoe?

Dych chi'n brysur yn y gwaith / yn y tŷ / gyda'r plant?

Edrychoch chi ar S4C yr wythnos diwetha?

B: **Adolygu:**

Gyda'ch partner, llenwch y bylchau

Dyn ni'n dwlu _____ nhw

Chwiliais i _____ fe ddoe

Ofynnoch chi _____ mi?

Bydda i'n meddwl _____ y peth

Darllenais i _____ hi yn y papur lleol

Edrychaist ti _____ y teledu neithiwr?

Dw i ddim yn gallu gwrando _____ fe

Postiais i gerdyn pen-blwydd _____ ti

Mae hi'n gweiddi _____ ti

Gwell i ti fynd _____ y meddyg

Nesa, tanlinellwch (*underline*) y pethau dych chi'n dwlu arnyn nhw:

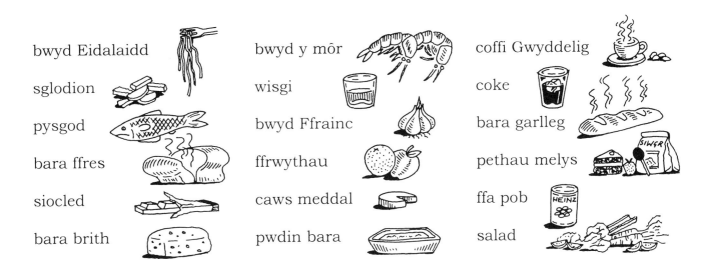

bwyd Eidalaidd

sglodion

pysgod

bara ffres

siocled

bara brith

bwyd y môr

wisgi

bwyd Ffrainc

ffrwythau

caws meddal

pwdin bara

coffi Gwyddelig

coke

bara garlleg

pethau melys

ffa pob

salad

Nawr, dwedwch wrth eich partner pa rai (*tell your partner which ones*) dych chi'n dwlu arnyn nhw. Ysgrifennwch pa rai mae eich partner yn dwlu arnyn nhw.

e.e.　　　Mae Jean yn dwlu ar ffrwythau

_____

_____

_____

_____

_____

C.　Wrth:

DWEUD - *to say*　　　　　　　DWEUD WRTH - *to tell*

Dwedodd	e	wrth	Siân
Dwedodd	e	wrtho	i
Dwedodd	e	wrthot	ti
Dwedodd	e	_____	hi
Dwedodd	e	_____	fe
Dwedodd	e	_____	ni
Dwedodd	e	_____	chi
Dwedodd	e	_____	nhw

Atebwch:

Pwy ddwedodd 'Bore Da' wrthoch chi heddiw?

_____

Pwy ddwedodd newyddion da wrthoch chi ddoe?

_____

Pwy ddwedodd 'Pen-blwydd Hapus' wrthoch chi ar eich pen-blwydd?

_____

Gofynnwch y cwestiynau yma i bawb yn y dosbarth.

Llenwch y bylchau

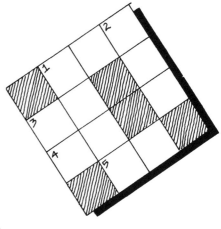

Dwedais i	_____	fe
Dwedon nhw	_____	hi
Dwedodd e	_____	i
Dwedodd Jac	_____	ti
Dwedais i	_____	nhw
Dwedodd e	_____	chi

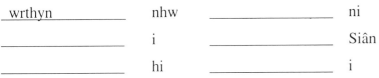

wrthyn	nhw	_____	ni
_____	i	_____	Siân
_____	hi	_____	i
_____	chi	_____	fe

Ch. Yn:

Ymddiried yn - _to trust (in)_

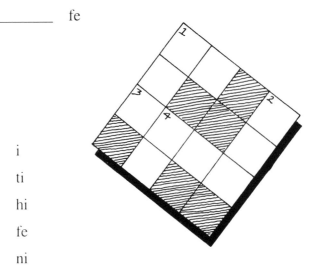

Mae	e'n	ymddiried	ynddo	i
Mae	e'n	ymddiried	_____	ti
Mae	e'n	ymddiried	_____	hi
Mae	e'n	ymddiried	_____	fe
Mae	e'n	ymddiried	_____	ni
Mae	e'n	ymddiried	_____	chi
Mae	e'n	ymddiried	_____	nhw

Dyma'r tŷ dw i'n byw ynddo

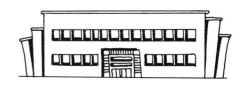

Dyma'r swyddfa _____

Dyma'r _____

Dyma'r _____

Dyma'r bwthyn _____

Dyma'r coleg _____

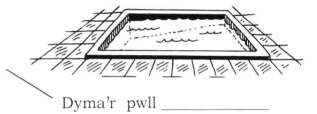

Dyma'r gwesty _____

Dyma'r pwll _____

Mae hi'n amhosib gorffen brawddeg gyda'r gair 'yn'.
Rhaid i ni gyfeirio'n ôl at y gwrthrych dyn ni'n siarad
amdano.

*It is impossible to end a sentence with 'yn'. We have to
refer back to the object we are discussing:*

Dyma'r <u>tŷ</u> dw i'n byw <u>ynddo</u> (fe)
Dyma'r <u>ysgol</u> dw i'n gweithio <u>ynddi</u> (hi)
Dyma'r <u>tafarnau</u> dw i'n yfed <u>ynddyn</u> nhw

D. Â:

Dw i'n siarad â chi
Bydda i'n cwrdd â fe fory
Ro'n i'n cytuno (*to agree*) â chi

Atebwch:

Â phwy byddwch chi'n siarad fory?

_____

Â phwy byddwch chi'n cwrdd dros y Sul?

_____

Â phwy dych chi'n cytuno fel arfer?

_____

Nawr, gofynnwch y cwestiynau yma i bawb yn y dosbarth.

Ysgrifennwch dri ateb am aelodau o'r dosbarth:

Siarad   -   _____

Cwrdd   -   _____

Cytuno   -   _____

Dydy 'â' ddim yn newid:

â fi	â ni
â ti	â chi
â fe	â nhw
â hi	

90

Dd. Sgwrsio:

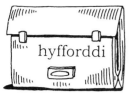

hyfforddi

yn gyfrifol am
(*responsible for*)

Gwaith

diddorol
(*interesting*)

oriau hyblyg
(*flexi hours*)

Cwestiynau posibl:

Ble dych chi'n gweithio?
Beth dych chi'n wneud?
Dych chi'n hoffi'r gwaith?
Ydy'r gwaith yn ddiddorol?
Dych chi'n gweithio oriau hyblyg?
Gawsoch chi eich hyfforddi i wneud y gwaith?
Beth oedd eich swydd gynta chi?
O'ch chi'n gweithio pan o'ch chi yn yr ysgol?
Hoffech chi newid eich swydd chi?

RECAP

1. **Dych chi wedi dysgu:**

WRTH	YN	Â
wrtho i	ynddo i	â fi
wrthot ti	ynddot ti	â ti
wrtho fe	ynddo fe	â fe
wrthi hi	ynddi hi	â hi
wrthon ni	ynddon ni	â ni
wrthoch chi	ynddoch chi	â chi
wrthyn nhw	ynddyn nhw	â nhw
↑	↑	↑
dweud	ymddiried	siarad
		cwrdd
		cytuno
		anghytuno (*to disagree*)

2. **Geirfa**

bwthyn (g)	*cottage*	cytuno	*to agree*
cerdyn (g)	*card*	cyrraedd	*to arrive*
garlleg (g)	*garlic*	ymddiried	*to trust*
gwesty (g)	*hotel*	caled	*hard*
pen-blwydd (g)	*birthday*	cyfrifol	*responsible*
pwll (g)	*pool*	diddorol	*interesting*
awr (b)	*hour*	ffres	*fresh*
oriau (ll)	*hours*	hyblyg	*flexible*
sglodion (ll)	*chips*	melys	*sweet*

1.   Llenwch y tabl:

WRTH

Wrtho i

_____ ti

_____ fe

Wrthi _____

_____ ni

_____ chi

_____ nhw

YN

_____ i

_____ ti

ynddo _____

_____ hi

_____ ni

_____ chi

_____ nhw

2.   Parwch y ferf a'r arddodiad ac wedyn ysgrifennwch eich brawddegau eich hun drosodd. *Draw a line between the correct verb and preposition and then write your own sentences on page 94 with the words you have paired.*

ymddiried	i
siarad	am
dweud	at
gofyn	am
chwilio	ar
edrych	â
postio	wrth
cwrdd	ar
gweiddi	â
talu	yn

93

Eich brawddegau chi:

1. _____

2. _____

3. _____

4. _____

5. _____

6. _____

7. _____

8. _____

9. _____

10. _____

3. **Ysgrifennwch tua 50 gair am 'Y Gwaith'. Defnyddiwch ddarn arall o bapur.** *(Use a separate sheet of paper.)*

4. Darllen a Deall

EICH SÊR CHI

Dydd Sul — Byddwch chi'n codi'n gynnar ac yn gweithio'n galed yn y tŷ. Byddwch chi'n gweld person arbennig yn y prynhawn ond fyddwch chi ddim yn siarad â fe.

Dydd Llun — Byddwch chi'n cyrraedd y gwaith am ddeg o'r gloch ar ôl cysgu'n hwyr. Byddwch chi mewn tymer ddrwg trwy'r dydd. Bydd rhaid i chi weithio'n hwyr.

Dydd Mawrth — Bydd y ffôn yn canu am saith o'r gloch. Byddwch chi'n ateb y ffôn ond fydd neb yn siarad.

Dydd Mercher — Byddwch chi'n colli eich tymer heddiw a byddwch chi'n gweiddi ar y bos. O diar!

Dydd Iau — Amser cinio, bydd rhywun yn dod i mewn i'r swyddfa gyda anrheg i chi. Fyddwch chi ddim yn gweld y person a fydd e ddim yn gadael neges.

Dydd Gwener — Byddwch chi'n aros ar y ffordd adre o'r gwaith i gael pysgod a sglodion, ond ar ôl eu bwyta nhw, byddwch chi'n dost trwy'r nos.

Dydd Sadwrn — Byddwch chi'n mynd at y meddyg ac yn gweld y person weloch chi dydd Sul yn yr ystafell aros. Bydd llwnc tost iawn gyda fe.

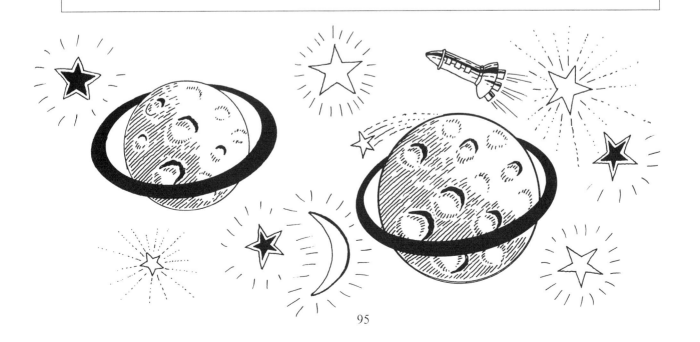

95

Ticiwch (✓) y bocs 'Cywir' (*correct*) neu 'Anghywir' (*incorrect*)

	✓ Cywir	✗ Anghywir
Bydd person arbennig yn siarad â chi dydd Sul		
Byddwch chi'n cysgu'n hwyr dydd Sul		
Byddwch chi'n hapus dydd Llun		
Byddwch chi'n siarad ar y ffôn yn gynnar bore dydd Mawth		
Byddwch chi'n ffrindiau da gyda'r bos dydd Mercher		
Byddwch chi'n dost nos Iau		
Byddwch chi'n gweld person arbennig dydd Sadwrn		

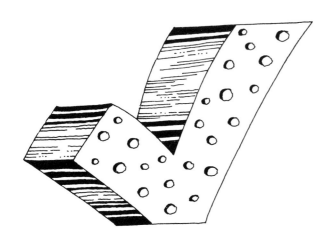 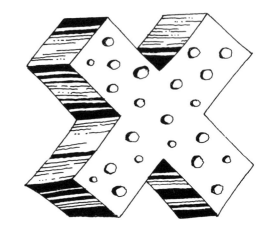

96

5. Nodwch bum gair/ymadrodd defnyddiol o'r uned.

un _____

dau _____

tri _____

pedwar _____

pump _____

Uned Deg ar Hugain/Tri Deg

Y dyfodol - Mynd, Cael, Gwneud
(*The future*)

A. Siaradwch:

Beth ydy'ch hoff atgof (*memory*) chi?

Ble ro'ch chi ym 1996 a beth o'ch chi'n wneud?

Dych chi wedi gweithio tramor?

B. Adolygu:

Gyda'ch partner, llenwch y bylchau gyda **ar, i, at, am, wrth, â, yn**.

Talais i _____ y tocyn (*ticket*) neithiwr

Siaradais i _____ nhw ddoe

Roedd e'n gweiddi _____ ni

Pwy ddwedodd _____ ti?

Dw i eisiau cwrdd _____ fe

Gofynnodd e _____ nhw am yr ardal

Postiais i'r siec _____ chi yr wythnos diwetha

Ro'n i'n chwilio _____ fy mhasport i

Roedd e'n edrych _____ i

C. Mynd:

Hwyl Twm,
af i i siopa i nôl
swper i ni ar ôl y
gwaith heddiw

Na, na, na .....
mae'n iawn cariad.
Af i i siopa amser
cinio

Sut mae dweud: *I'll go shopping* ➜ _____

Sut mae dweud: *I'll go to Swansea* ➜ _____

I'll go swimming ➜ _____

I'll go to play tennis ➜ _____

Atebwch:

Ble ewch chi ar ôl y dosbarth? _____

Ble ewch chi dros y Sul? _____

Nawr, siaradwch â 3 pherson yn y dosbarth i weld ble ân nhw heno, nos Sadwrn, ar wyliau nesa.

Y cwestiwn: Ble ewch chi _____ ?

neu os dych chi'n ffrindiau: Ble ei di _____?

Enw	Heno	Nos Sadwrn	Ar wyliau nesa
Ffred	i'r gwely'n gynnar	dawnsio mewn disgo	Ffrainc mewn carafan
1.			
2.			
3.			

e.e.

99

Aiff Ffred i'r gwely'n gynnar heno
Aiff e i ddawnsio mewn disgo nos Sadwrn
Aiff e i Ffrainc mewn carafan ar wyliau

Nawr dwedwch wrth bartner newydd ble aiff y bobl siaradoch chi â nhw.

Gofynnwch i'ch tiwtor os ydy e/hi yn gwybod y gân hon. Beth am ei chanu hi?

BLE EI DI?

"Ble ei di, ble ei di
Yr hen dderyn bach?"
"I nythu fry yn y goeden."
"Pa mor uchel yw y pren?"
"Wel, dacw fe uwch ben."
"O mi syrthi yr hen dderyn bach."

"Ble ei di, ble ei di
"Yr hen dderyn bach?"
"I rywle i dorri fy nghalon."
"Pam yr ei di ffwrdd yn syth?"
"Y plant drwg fu'n tynnu'r nyth."
"O drueni yr hen dderyn bach."

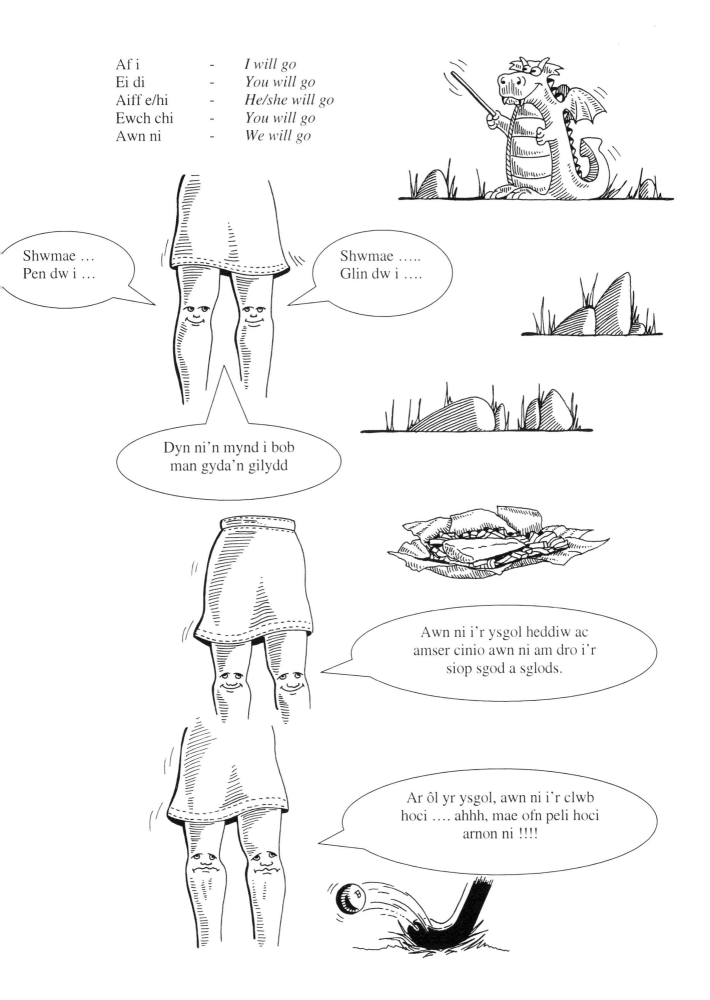

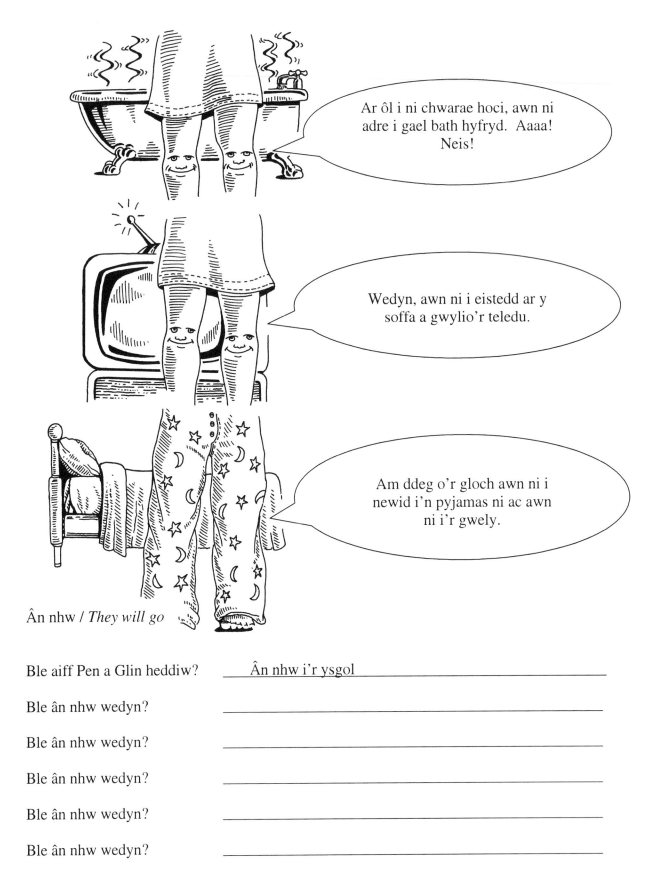

Ar ôl i ni chwarae hoci, awn ni adre i gael bath hyfryd. Aaaa! Neis!

Wedyn, awn ni i eistedd ar y soffa a gwylio'r teledu.

Am ddeg o'r gloch awn ni i newid i'n pyjamas ni ac awn ni i'r gwely.

Ân nhw / *They will go*

Ble aiff Pen a Glin heddiw? _____Ân nhw i'r ysgol_____

Ble ân nhw wedyn? _____

Ble ân nhw wedyn? _____

Ble ân nhw wedyn? _____

Ble ân nhw wedyn? _____

Ble ân nhw wedyn? _____

Llenwch y bylchau:

_____   *I will go*

_____   *You will go* (ti)

_____   *He/she will go*

_____   *We will go*

_____   *You will go* (chi)

_____   *They will go*

Nawr, beth am y cwestiynau?

DIM PROBLEM. Defnyddiwch eich llais (*voice*) chi.
Beth am ymarfer (*what about practising*)? Pwyntiwch at un o'r bocsys yma a bydd eich partner yn ei ddarllen naill ai (*either*) fel gosodiad (*statement*) neu fel cwestiwn.

Af i	Af i?	Ân nhw?	Aiff Jon?
Aiff e	Awn ni?	Awn ni	Ei di?
Ewch chi?	Aiff hi	Ân nhw	Aiff Jane?

Af i ddim / *I won't go*

Mae'r negyddol yn hawdd hefyd. Dim ond rhoi 'ddim' ar y diwedd wrth gwrs.

+	−
Af i	Af fi ddim
Aiff e	Aiff e ddim
Ân nhw	Ân nhw ddim

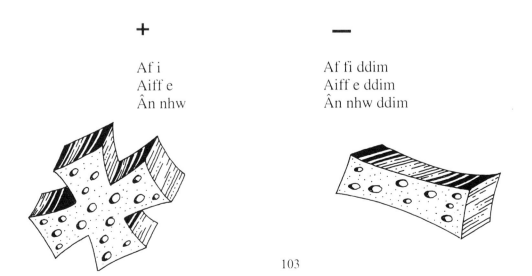

Ch. Cael:

Mae'r patrwm yma yn hawdd. Edrychwch ar batrwm 'mynd' a rhoi 'C' ar y dechrau.

e.e.	af i	-	*I will go*
	caf i	-	*I will have*
	ei di	-	*you will go*
	cei di	-	*you will have*
	aiff e/hi	-	*he/she will go*
	caiff e/hi	-	*he/she will have*
	awn ni	-	*we will go*
	cawn ni	-	*we will have*
	ewch chi	-	*you will go*
	cewch chi	-	*you will have*
	ân nhw	-	*they will go*
	cân nhw	-	*they will have*

Atebwch:

Beth gewch chi i frecwast fory?

Caf i
gyw iâr

Caf i
frechdan

_____

Beth gewch chi i ginio fory?

_____

Beth gewch chi i swper fory?

Caf i bysgod

_____

Mmm Caf i
dost

Caf i goffi

Gofynnwch y cwestiynau yma i bawb yn y dosbarth:

Mae treiglad meddal ar ôl
Caf i, cei di etc.

Caf i frechdan
Cawn ni gyrri
Cân nhw goffi

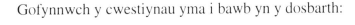

104

Miss! Gaf i fynd i'r tŷ bach os gwelwch yn dda?

Cei Siân

Phew. Mae hi'n dwym yma. Gaf i agor y ffenest?

Cewch

Gaf i?	-	*May I?*
		May I have?
Cei (ti)		
Cewch (chi)	-	*Yes, you may*

Gaf i fag o datws Mr Jones?

Cewch Mrs Williams

Gaf i fenthyg £10

Na chei, mae'n flin gyda fi. Does dim arian gyda fi

Gaf i adael yn gynnar heno?

Na chewch. Dim heno eto!

Gyda'ch partner, meddyliwch am bum cwestiwn hoffech chi eu gofyn yn dechrau gyda Gaf i
.....................?

1. Gaf i _____ ?

2. Gaf i _____ ?

3. Gaf i _____ ?

4. Gaf i _____ ?

5. Gaf i _____ ?

Dd. GWNEUD:

Mae'r patrwm yma yn hawdd hefyd. Edrychwch ar batrwm 'mynd' a rhoi 'Gwn' ar y dechrau.

Af i   -   Gwnaf i   (*I'll do/ I'll make*)

Ei di   -   _____

Aiff e/hi   -   _____

Awn ni   -   _____

Ewch chi   -   _____

Ân nhw   -   _____

Dysgwch:

Beth wnei di?   Wnaf i ddim byd
Beth wnaiff e?   Wnaiff e ddim byd

Cyfieithwch:

What will you do? (chi)   _____

He'll make the tea   _____

We won't do anything   _____

The children will make a card _____

She'll make plenty of money   _____

I won't make chips   _____

The carpenter will make the chair _____

You won't do anything (ti)   _____

E. Gofyn cymwynas (*asking a favour*)

Dyn ni'n defnyddio 'Wnei di ......?' neu 'Wnewch chi .....?' i ofyn cymwynas:

	✓	✗
Wnei di agor y ffenest?	Gwnaf	Na wnaf
Wnei di gau'r drws?	Gwnaf	Na wnaf
Wnei di helpu?	Gwnaf	Na wnaf
Wnei di yrru?	Gwnaf	Na wnaf
Wnei di lanhau'r tŷ i mi?	Gwnaf	Na wnaf

Tasg:

Dych chi'n symud tŷ. Dyma'r gwaith mae'n rhaid i chi wneud:

Glanhau'r tŷ
Pacio'r llestri
Cario'r celfi (*furniture*) i'r fan
Pacio'r dillad
Glanhau ffenestri'r tŷ newydd
Golchi'r carpedi
Gwneud brechdanau
Gyrru'r fan
Cario'r celfi o'r fan i'r tŷ newydd

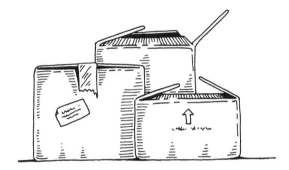

Bydd eich tiwtor yn rhoi cerdyn i chi. Ar y cerdyn bydd tair tasg dych chi'n gallu eu gwneud i helpu. Dych chi eisiau i bawb wneud un dasg i chi. Os bydd y dasg ar gerdyn y person dych chi'n siarad â fe/hi bydd e/hi'n cytuno i helpu. Os bydd e/hi'n gwrthod (*to refuse*) rhaid rhoi rheswm (*reason*).

e.e.   Wnei di lanhau'r tŷ i mi?

Gwnaf, wrth gwrs
   neu
Na wnaf, dw i ddim yn gallu achos ………………

TASG	ENW'R PERSON
glanhau'r tŷ	_____
pacio'r llestri	_____
cario'r celfi i'r fan	_____
pacio'r dillad	_____
glanhau ffenestri'r tŷ newydd	_____
golchi'r carpedi	_____
gwneud brechdanau	_____
gyrru'r fan	_____
cario'r celfi o'r fan i'r tŷ newydd	_____

F.   Siaradwch:

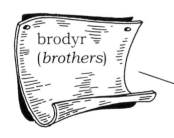

brodyr (*brothers*)

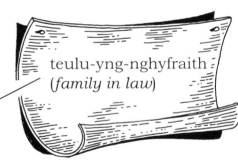

teulu-yng-nghyfraith (*family in law*)

y teulu

chwiorydd (*sisters*)

teulu estynedig (*extended*)

Cwestiynau posibl:

Oes teulu mawr gyda chi? Disgrifiwch eich teulu chi
Oes llawer o deulu gyda chi yn yr ardal?
Dych chi'n gweld y teulu estynedig?
Ydy'r teulu i gyd yn cyfarfod yn aml? Ble?

1.   **Dych chi wedi dysgu:**

   1)   **Dyfodol Mynd**

+	—	?
Af i Ei di Aiff e/hi Awn ni Ewch chi Ân nhw	Af i ddim Ei di ddim Aiff e/hi ddim Awn ni ddim Ewch chi ddim Ân nhw ddim	Af i? Ei di? Aiff e/hi? Awn ni? Ewch chi? Ân nhw?

   2)   **Dyfodol Cael**

+	—	?
Caf i Cei di Caiff e/hi Cawn ni Cewch chi Cân nhw	Chaf i ddim Chei di ddim Chaiff e/hi ddim Chawn ni ddim Chewch chi ddim Chân nhw ddim	Gaf i? Gei di? Gaiff e/hi? Gawn ni? Gewch chi? Gân nhw?

Gaf i ? - *Will I have?* neu *May I?* neu *May I have?*

3)   Dyfodol Gwneud

+	−	?
Gwnaf i	Wnaf i ddim	Wnaf i?
Gwnei di	Wnei di ddim	Wnei di?
Gwnaiff e/hi	Wnaiff e/hi ddim	Wnaiff e/hi?
Gwnawn ni	Wnawn ni ddim	Wnawn ni?
Gwnewch chi	Wnewch chi ddim	Wnewch chi?
Gwnân nhw	Wnân nhw ddim	Wnân nhw?

Wnei di/Wnewch chi? - *Will you?* os dych chi'n gofyn cymwynas (*favour*).

2.   Geirfa

atgof (g)	*memory*
cwpwrdd (g)	*cupboard*
cyw iâr (g)	*chicken*
teulu-yng-nghyfraith(g)	*faimily in law*
tocyn (g)	*ticket*
tŷ bach (g)	*toilet*
calon (b)	*heart*
pen-glin/pengliniau (b)	*knee/s*
siec (b)	*cheque*
ystafell (b)	*room*
brodyr (ll)	*brothers*
celfi (ll)	*furniture*
chwiorydd (ll)	*sisters*
cyfarfod (g)	*a meeting / to meet*
galw	*to call*
mynd am dro	*to go for a walk*
nôl	*to fetch*
cynta	*first*
estynedig	*extended*
trwm	*heavy*

1. **Llenwch y bylchau.   Defnyddiwch 'gwneud', 'mynd', neu 'cael' yn y dyfodol (*future*)**

Beth _____ di fory?

Ble _____ nhw?

_____ i dost i frecwast

_____ e i'r gwely ar ôl dod adre

_____ i ddim i'r dafarn heno

_____ ni allan nos fory

_____ di ddim byd

_____ chi ddim byd

_____ i gwpanaid o de

_____ hi'r busnes

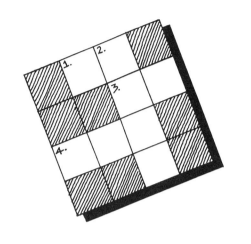

2. **Ysgrifennwch tua 50 gair am 'y teulu'.   Defnyddiwch ddarn arall o bapur.**

3. Darllen a Deall

Symud Tŷ

"John! John! Dere â'r piano i mewn i'r ystafell yma - na, na, cyn y cadeiriau. Wnei di wrando arna i? Na…. na…. y…. Mr Parry….. Wnewch chi roi'r gwely yna yn yr ystafell wely fawr yn y cefn? Dyna fy ngwely i, dych chi'n gweld. Geraint, Geraint, dw i ddim yn mynd i ddweud wrthot ti eto, tro'r 'ghetto blaster' yna i ffwrdd a cher i helpu dy dad gyda'r piano. Mae'n drwm iawn. Dw i ddim yn gallu helpu achos fy nghefn i. Carys, wnei di fynd i'r gegin i wneud coffi - ac agor tin o "Whiskers" i Tiddles hefyd? Mr Thomas, diolch yn fawr i chi am alw i helpu. Peidiwch â chodi dim byd trwm nawr. Dw i'n gwybod am eich calon. Beth am rywbeth ysgafn fel …. fel, fel y cwpwrdd dillad yna? Mr Parry, wnewch chi helpu Mr Thomas? Mr Parry! O! Ble mae'r dyn yna? Phyllis! Helo! Dewch i mewn. Mae Carys yn gwneud coffi i bawb a dw i eisiau i chi gael y cwpanaid cynta - ar ôl i chi olchi'r llestri!"

Atebwch y cwestiynau:

Pwy sy'n cario'r piano?

_____

Beth mae Mr Parry yn ei gario?

_____

Beth mae Geraint yn ei wneud cyn cael stŵr (*row*)?

_____

Pam dydy hi (y bos) ddim yn gallu helpu?

_____

Beth ydy problem Mr Thomas?

_____

Beth mae'n rhaid i Phyllis wneud cyn cael coffi?

_____

---

5. Nodwch bum gair/ymadrodd defnyddiol o'r uned.

un _____

dau _____

tri _____

pedwar _____

pump _____

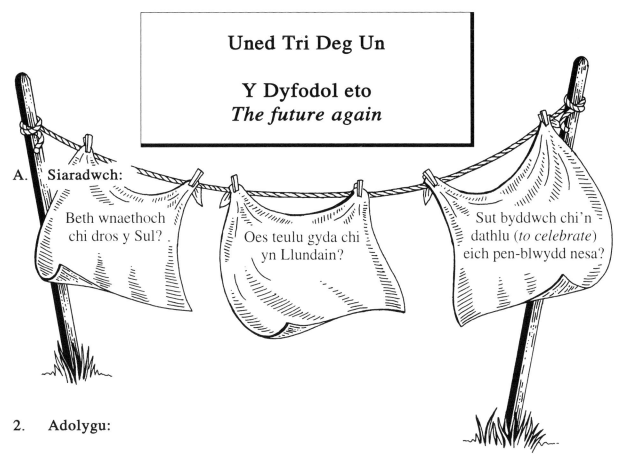

Uned Tri Deg Un

Y Dyfodol eto
The future again

A. Siaradwch:

Beth wnaethoch chi dros y Sul?

Oes teulu gyda chi yn Llundain?

Sut byddwch chi'n dathlu (*to celebrate*) eich pen-blwydd nesa?

2. Adolygu:

Gofynnwch gwestiynau yn y dyfodol i saith person yn y dosbarth.

Enw	Ble fory?	Beth i ginio fory?	Ble dydd Sul?	Beth i ginio dydd Sul?
1.				
2.				
3.				
4.				
5.				
6.				
7.				

Ysgrifennwch am un person, e.e.

Aiff Siân i'r sinema fory

Caiff hi frechdan i ginio fory

Aiff hi i'r capel dydd Sul

Caiff hi basta i ginio dydd Sul

1. _____

2. _____

3. _____

4. _____

Edrychwch ar y lluniau a phenderfynwch beth yw'r gymwynas.
Look at the pictures and decide what is the favour being asked.

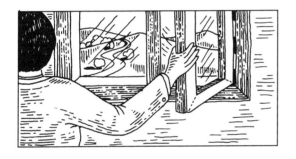

Wnewch chi agor y ffenest? (✓)
Gwnaf, wrth gwrs

_____ (✓)

_____

_____ (✗)

_____

_____ (✗)

_____

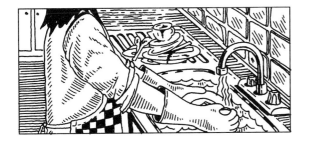

_____ (✓)

_____

_____ (✗)

_____

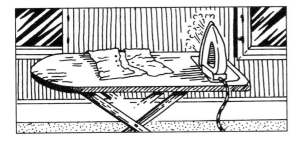

_____ (✗)

_____

_____ (✗)

_____

C. Cofiwch:

Bydd<u>a</u> i'n darllen

Bydd<u>i</u> di'n darllen

Bydd hi'n darllen

Bydd e'n darllen

Bydd<u>wn</u> ni'n darllen

Bydd<u>wch</u> chi'n darllen

Bydd<u>an</u> nhw'n darllen

115

Gofynnwch i bump o bobl ble byddan nhw:

Enw	Nos fory	Dydd Sadwrn	Nos Sadwrn
1.			
2.			
3.			
4.			
5.			

Ysgrifennwch dair brawddeg yn dechrau gyda 'Bydd ....'

1. Bydd _____ nos fory

2. _____ dydd Sadwrn

3. _____ nos Sadwrn

Nawr, gofynnwch i'ch partner fyddan nhw'n gwneud y pethau isod (*below*) fory

	✓	✗
cadw'n heini canu cusanu rhywun defnyddio cyfrifiadur garddio glanhau mynd am dro		

Ch. Y Dyfodol Cryno (*short form future*)

Bydda i'n darllen llyfr - *I'll be reading a book*   Darllena i lyfr - *I'll read a book*

Byddi di'n darllen llyfr   Darlleni di lyfr

Bydd hi'n darllen llyfr   Darlleniff hi lyfr

Bydd e'n darllen llyfr   Darlleniff e lyfr

Byddwn ni'n darllen llyfr   Darllenwn ni lyfr

Byddwch chi'n darllen llyfr   Darllenwch chi lyfr

Byddan nhw'n darllen llyfr   Darllenan nhw lyfr

Mae treiglad meddal ar ôl y ffurf gryno (*short form*).

Bydd e'n prynu bara

OND

Pryniff e fara

D. Llenwch y tabl:

Talu   > Tala _____ i   Brysio   > Brysia _____ i

Canu   > _____ i   Cicio   > _____ i

Casglu   > _____ i   Defnyddio   > _____ i

Dihuno   > _____ i   Disgrifio   > _____ i

Gwenu   > _____ i   Garddio   > _____ i

Tacluso   > _____ i   Teithio   > _____ i

Darllen   > Darllena _____ i

Cadw   > _____ i

Dewis   > _____ i

Diffodd   > _____ i

Cyrraedd   > _____ i

Clywed   > _____ i

Edrychwch ar y lluniau gyda'ch partner a dwedwch beth wnewch chi fory:

Beth wnewch chi fory?

Coda i am wyth o'r gloch

Beth wnewch chi fory?

Beth wnewch chi fory?

Beth wnewch chi fory?

Beth wnewch chi fory?

Beth wnewch chi fory?

Beth wnewch chi fory?

Beth wnewch chi fory?

Nesa, ewch o gwmpas y dosbarth eto yn gofyn i bum person beth wnân nhw:

Enw	Ar ôl y dosbarth	Bore fory	Nos Sul	Dydd Llun nesa
1.				
2.				
3.				
4.				
5.				

Dd. Llenwch y tabl:

Talu	>	Taliff	hi		Defnyddio	>	Defnyddiff	hi
Twyllo	>	_____	hi		Neidio	>	_____	hi
Dringo	>	_____	hi		Hwylio	>	_____	hi
Helpu	>	_____	hi		Coginio	>	_____	hi
Archebu	>	_____	hi		Ffonio	>	_____	hi
Ysgrifennu	>	_____	hi		Teipio	>	_____	hi

Cymryd	>	Cymeriff	hi
Ennill	>	_____	hi
Gweiddi	>	_____	hi
Gwrando	>	_____	hi
Agor	>	_____	hi
Cau	>	_____	hi

Beth wnaiff Twm fory?

Gyda'ch partner, edrychwch ar y lluniau ac ysgrifennwch beth wnaiff Twm fory.

_____

_____

Nawr, edrychwch ar yr holiadur eto ar dudalen 119 ac ysgrifennwch beth wnaiff pum aelod ar ôl y dosbarth:

Enw	Ar ôl y dosbarth
e.e. Twm	Gwrandawiff e ar y radio
1.	
2.	
3.	
4.	
5.	

E. Ni a Nhw:

Dyma beth wnaiff Mr a Mrs Jones fory. Darllenwch beth mae Mr a Mrs Jones wedi ysgrifennu ac yna ysgrifennwch beth wnân nhw:

Codwn ni am saith o'r gloch a bwytwn ni frecwast cyn mynd i'r gwaith. Cyrhaeddwn ni'r gwaith am hanner awr wedi wyth ac agorwn ni ein post. Gweithiwn ni'n galed trwy'r dydd ac yna chwaraewn ni sboncen ar y ffordd adre. Prynwn ni fwyd Chinese i swper ac edrychwn ni ar y teledu.

Codan nhw _____

_____

_____

_____

_____

_____

_____

F. Cwestiwn ac Ateb:

<u>CHI</u>	✓	✗
Edrychwch chi ar y teledu heno?	Gwnaf	Na wnaf
Welwch chi Siân fory?	Gwnaf	Na wnaf
Deithiwch chi dros nos?	_____	_____
Godwch chi am saith o'r gloch?	_____	_____
Brynwch chi drowsus newydd?	_____	_____

TI

	✓	✗
Edrychi di ar y newyddion?	Gwnaf	Na wnaf
Weli di'r plant?	_____	_____
Godi di'r plant o'r ysgol?	_____	_____
Ddarlleni di'r papur?	_____	_____
Helpi di fe?	_____	_____

a) Cofiwch fod bob amser treiglad meddal gyda chwestiwn:

Gwelais i	OND	Welaist ti?
Byddi di	OND	Fyddi di?
Baswn i	OND	Faset ti?
	NAWR	
Gwela i	OND	Weli di?

b) Gyda'r dyfodol cryno, dyn ni'n defnyddio dyfodol 'gwneud' i ateb:

Weli di fe?	Gwnaf
Welwch chi fe?	Gwnaf/Gwnawn
Weliff hi fe?	Gwnaiff
Welan nhw fe?	Gwnân
Wela i fe?	Gwnei/Gwnewch
Welwn ni fe?	Gwnewch

Gofynnwch i'ch partner *whether they'll do the following* fory:

fory	✓	✗
edrych ar y teledu		
prynu bara		
gyrru'r car		
darllen y papur		
bwyta siocled		
cysgu yn ystod y dydd		
gweld ffrindiau		
golchi dillad		

Gyda'ch partner, parwch y cwestiwn ac ateb:

Ddarllenan nhw'r papur?	Gwnawn
Basia i'r arholiad?	Gwnaiff
Gofiwch chi ddweud?	Gwnawn
Anfoniff e gerdyn?	Gwnaf
Bryni di gar newydd?	Gwnân
Weliff hi ei chariad hi?	Gwnaiff
Gyrhaeddwn ni mewn pryd?	Gwnei
Ei di am dro?	Gwnaiff
Alwiff e heno?	Gwnaf

Ff. Sgwrsio:

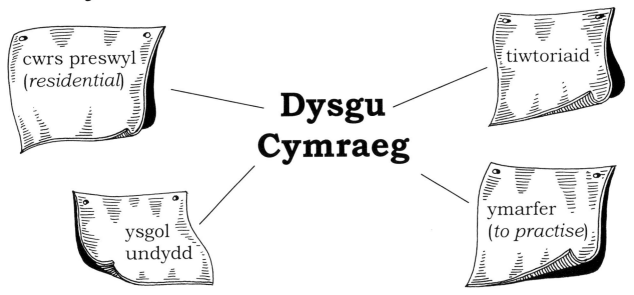

Cwestiynau posibl:

Pryd dechreuoch chi ddysgu Cymraeg?
Beth dych chi'n hoffi - siarad, ysgrifennu, darllen, gwrando?
Dych chi'n ymarfer siarad Cymraeg y tu allan i'r dosbarth?
Dych chi wedi bod i gwrs preswyl neu ysgol undydd?
Faint o diwtoriaid Cymraeg dych chi wedi cael?

124

1. Dych chi wedi dysgu:

1) Darllena i
   Darlleni di
   Darlleniff hi
   Darlleniff e
   Darllenwn ni
   Darllenwch chi
   Darllenan nhw

2) Mae treiglad meddal ar ôl y ffurf gryno:

   Darllena i lyfr
   Bwytan nhw ginio

3) Dyn ni'n ateb cwestiynau yn y dyfodol cryno gyda dyfodol 'gwneud'.

Helpa i?	Gwnei/Gwnewch
Helpi di?	Gwnaf
Helpiff hi/e?	Gwnaiff
Helpwn ni?	Gwnewch
Helpwch chi?	Gwnaf/Gwnawn
Helpan nhw?	Gwnân

2. Geirfa:

dwyrain (g)	*east*
llinell (b)	*line*
rhan (b)	*part*
taith (b)	*journey*
traffordd (b)	*motorway*
ceir (ll)	*cars*
anelu	*to aim*
croesi	*to cross*
cychwyn	*to start, set off*
dathlu	*to celebrate*
dechrau	*to start*
gadael	*to leave*
llenwi	*to fill*
ymarfer	*to practise*
ail	*second*
ola	*last*
preswyl	*residential*
ar draws	*across*
y tu allan (i)	*outside*
yn ystod	*during*

1.   Atebwch y cwestiynau:

Beth wnewch chi bore fory?   _____

Beth wnewch chi nos fory?   _____

Beth wnewch chi dydd Sadwrn?   _____

Beth wnewch chi dydd Sul?   _____

Beth wnewch chi nos Wener?   _____

Edrychwch chi ar y teledu fory?   _____

Arhoswch chi yn y tŷ nos Sul?   _____

Fwytwch chi ginio mawr dydd Sul?   _____

Chwaraewch chi sboncen yr wythnos nesa? _____

Olchwch chi lestri fory?   _____

2.   Beth wnaiff Ffred a Siân fory?   Beth wnaiff Ffred a Siân fory?

___Codan nhw am wyth o'r gloch___   _____

Beth wnaiff Ffred a Siân fory?   Beth wnaiff Ffred a Siân fory?

_____   _____

Beth wnaiff Ffred a Siân fory?

_____

Beth wnaiff Ffred a Siân fory?

_____

Beth wnaiff Ffred a Siân fory?

_____

Beth wnaiff Ffred a Siân fory?

_____

---

3. Llenwch y bylchau:

Gwela i	_____ i	Pryna i
_____ di	Anfoni di	_____ _____
_____ hi/e	Anfoniff hi/e	Pryniff hi/e
Gwelwn _____	_____ ni	_____
Gwelwch _____	_____ chi	Prynwch chi
_____ nhw	Anfonan nhw	_____

4. Trowch y canlynol yn gwestiynau. (*Turn the following into questions*):

Gwelwch chi fe _____

Pryniff e gar newydd cyn hir _____

Chwaraean nhw'n dda _____

Teithiwn ni dros nos _____

Edrychi di ar y teledu _____

Arhoswch chi mewn gwesty _____

Croeswn ni o Dover i Calais _____

Siarada i â fe fory _____

---

5. **Ysgrifennwch tua 50 gair am ddysgu Cymraeg. Defnyddiwch ddarn arall o bapur.**

---

6. Darn Darllen

Y Rali Geir

Dydd Llun nesa bydd rali geir yn dechrau yn Llanelwedd ym Mhowys. Bydd y ceir yn cychwyn o Lanelwedd am saith o'r gloch y bore ac yn anelu am y Gogledd trwy'r Drenewydd a Machynlleth. Allan o Bowys wedyn i Ddolgellau lle byddan nhw'n stopio am betrol ac ymlaen o Ddolgellau i Harlech. Byddan nhw'n stopio am hanner awr yn Harlech i gael bwyd.

Bydd ail ran y rali yn dechrau am ddeg o'r gloch. Bydd y ceir yn gadael Harlech ac yn rasio i fyny trwy Eryri i Gaernarfon ac wedyn Bangor. Byddan nhw'n teithio wedyn i'r dwyrain ar hyd yr A55 trwy Fae Colwyn ac wedyn yn mynd i lawr eto i Langollen lle byddan nhw'n stopio i lenwi'r tanc. Ar draws y wlad wedyn i Aberystwyth lle byddan nhw'n cael pryd o fwyd a siawns i gysgu am awr.

Bydd rhan olaf y daith yn dechrau am dri o'r gloch y prynhawn. Byddan nhw'n teithio i lawr o Aberystwyth trwy Aberteifi ac Abergwaun i Aberdaugleddau. Byddan nhw'n troi i'r chwith wedyn ac yn teithio ar hyd traffordd yr M4 trwy Gaerfyrddin i Abertawe. Byddan nhw'n stopio yng Nghastell Nedd am betrol ac yn croesi'r llinell yng Nghaerdydd tua saith o'r gloch. Byddan nhw wedi teithio trwy Gymru mewn deuddeg awr.

Edrychwch ar y map, a thynnwch linell (*draw a line*) i ddangos llwybr (*path/route*) y rali geir.

7. Nodwch bum gair/ymadrodd defnyddiol o'r uned.

un _____

dau _____

tri _____

pedwar _____

pump _____

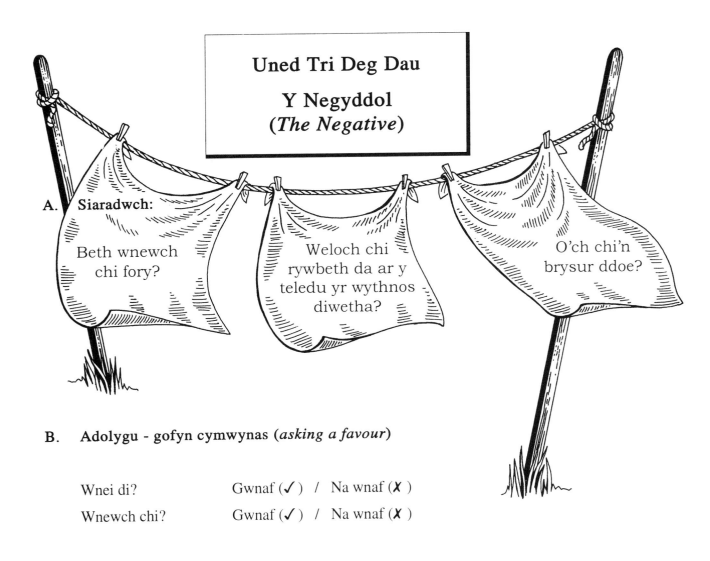

Uned Tri Deg Dau

Y Negyddol
(*The Negative*)

A. **Siaradwch:**

Beth wnewch chi fory?

Weloch chi rywbeth da ar y teledu yr wythnos diwetha?

O'ch chi'n brysur ddoe?

B. **Adolygu - gofyn cymwynas** (*asking a favour*)

Wnei di?   Gwnaf (✓) / Na wnaf (✗)

Wnewch chi?   Gwnaf (✓) / Na wnaf (✗)

Edrychwch ar y lluniau isod. Bydd Partner 1 yn gofyn i Bartner 2 wneud beth mae'r llun yn ei awgrymu. (*Partner 1 will ask Partner 2 for the favour the picture suggests.*) Bydd Partner 2 yn rhoi dau ateb bob tro:

Gwnaf, wrth gwrs / dim problem
Na wnaf, mae'n flin gyda fi, dw i ddim yn gallu / dw i ddim eisiau achos ....

Bydd yn rhaid rhoi rheswm. (*A reason must be given.*) Bydd Partner 1 a Phartner 2 wedyn yn newid rôl.

Partner 1

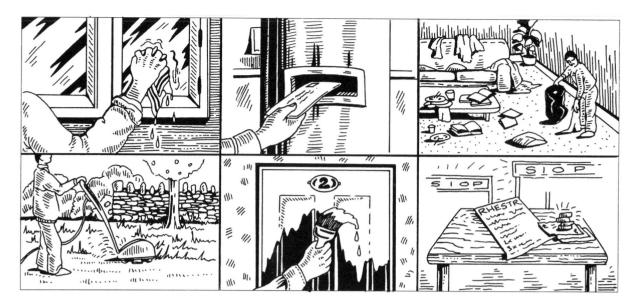

Partner 2

Geiriau i'ch helpu chi: postio; torri'r lawnt (*to cut the lawn*); berwi (*to boil*).

Adolygu - gorchmynion (*commands*)

Edrychwch ar y map. Bydd eich tiwtor yn rhoi cerdyn i chi. Dwedwch wrth eich partner sut i gyrraedd y lle ar y cerdyn. Dechreuwch o'r maes parcio. Ar ôl gorffen, gofynnwch i'ch partner:

Ble dych chi?

Gobeithio bydd yr ateb yr un peth â'r lle ar y cerdyn. (*Hopefully the answer your partner gives will be the same as the place on the card.*)

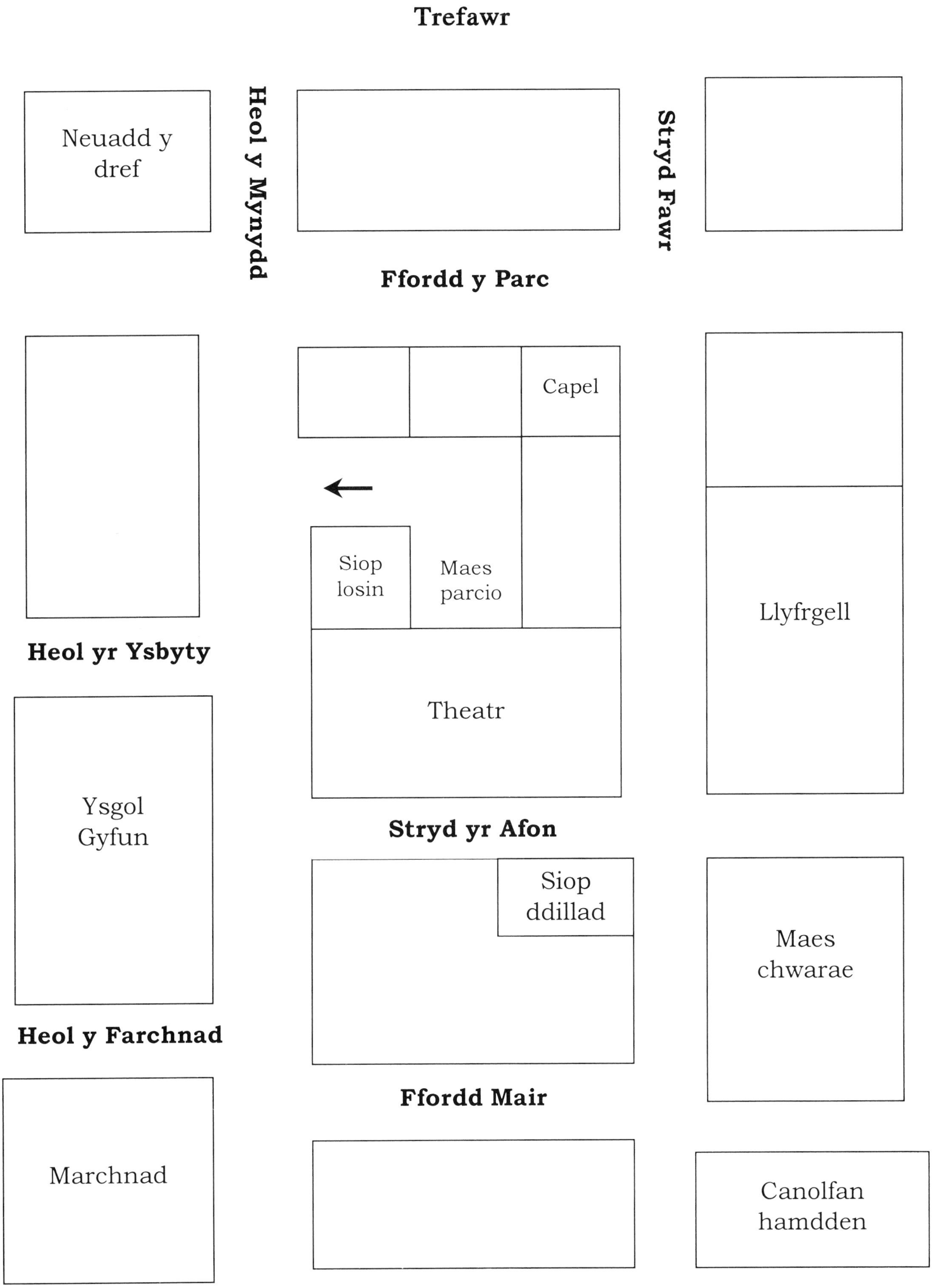

Trefawr

Heol y Mynydd

Stryd Fawr

Neuadd y dref

Ffordd y Parc

Capel

←

Siop losin

Maes parcio

Llyfrgell

Heol yr Ysbyty

Theatr

Ysgol Gyfun

Stryd yr Afon

Heol y Farchnad

Siop ddillad

Maes chwarae

Ffordd Mair

Marchnad

Canolfan hamdden

C. Y Negyddol:

Gyda'ch tiwtor a gyda'ch partner, newidiwch y geiriau sy wedi'u tanlinellu (*which are underlined*).

Dw i ddim yn hoffi <u>hedfan</u>

Do'n i ddim yn hoffi <u>mynd at y deintydd</u> pan o'n i'n blentyn

Fydda i ddim yn <u>gwrando ar y radio</u> fory

Faswn i ddim yn prynu <u>ceffyl</u>

Fwytais i ddim <u>bara</u> ddoe

Chaf i ddim <u>sglodion</u> fory

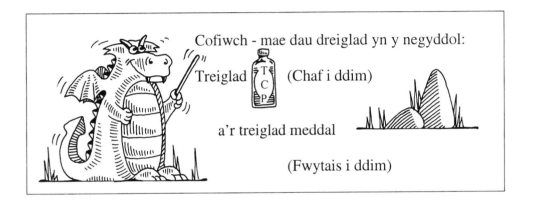

Cofiwch - mae dau dreiglad yn y negyddol:

Treiglad (Chaf i ddim)

a'r treiglad meddal

(Fwytais i ddim)

Ch. Dysgwch:

Ddarllenais i ddim llyfr	*I didn't read a book*
Ddarllenais i ddim o'r llyfr	*I didn't read the book*
Ddarllena i ddim papur	*I won't read a paper*
Ddarllena i ddim o'r papur	*I won't read the paper*
Fwytais i ddim brechdanau	*I didn't eat sandwiches*
Fwytais i ddim o'r brechdanau	*I didn't eat the sandwiches*
Fwyta i ddim pasta	*I won't eat pasta*
Fwyta i ddim o'r pasta	*I won't eat the pasta*

Gyda'ch partner, unwch ferf a gwrthrych ac ysgrifennwch bedair brawddeg fel y rhai ar dudalen 134 yn defnyddio'r geiriau hyn. (*Join up a verb and object and write four sentences like the ones on page 134 using these words*):

Cadw   **Blodau**

Casglu   **Ystafell**

Dal   **Arian**

Tacluso   **Bws**

1. _____   1. _____

2. _____   2. _____

3. _____   3. _____

4. _____   4. _____

1. _____   1. _____

2. _____   2. _____

3. _____   3. _____

4. _____   4. _____

Nesa, trowch y brawddegau i'r negyddol:

e.e. Prynon ni'r tŷ   > Phrynon ni ddim o'r tŷ

Pasia i'r arholiad   > _____

Anfona i gerdyn   > _____

Gwelais i ffilm   > _____

Gwela i'r ffilm fory   > _____

Talan nhw'r bil   > _____

Prynais i'r tocynnau   > _____

Talon ni am y gwin   > _____

Nesa, chwaraewch y gêm fwrdd gyda'ch partner. Bob tro dych chi'n glanio (*to land*) ar sgwâr gyda llun, rhaid i chi ddweud brawddegau negyddol, e.e. Ddarllena i ddim o'r llyfr. Os glaniwch chi ar sgwâr lle mae draig, rhaid i chi ddweud unrhyw (*any*) 3 brawddeg yn Gymraeg. Pob lwc!

D. Dysgwch:

Eto, gyda'ch partner a gyda'ch tiwtor, newidiwch y geiriau sy wedi'u tanlinellu.

Welais i ddim rhaglen ddoe
Welais i ddim o <u>Pobl y Cwm</u> ddoe

Phrynais i ddim papur ddoe
Phrynais i ddim o'r <u>Western Mail</u> ddoe

Ddarllenais i ddim llyfr ddoe
Ddarllenais i ddim o <u>War and Peace</u> ddoe

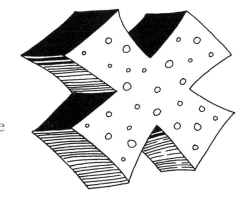

Hefyd

Welais i ddim o <u>John</u> ddoe
Welais i ddim o <u>Siân</u> ddoe

Atebwch y cwestiynau ac wedyn gofynnwch nhw i bawb yn y dosbarth.

Weloch chi Coronation Street ddoe? _____

Brynoch chi'r Welsh Mirror ddoe? _____

Ddarllenoch chi'r Guardian ddoe? _____

Weloch chi Ioan Gruffudd ddoe? _____

Ysgrifennwch am un person yn y dosbarth

Coronation Street - <u>Welodd</u> _____

Y Welsh Mirror - _____

Y Guardian - _____

Ioan Gruffudd - _____

Dd. Dysgwch:

Helpodd e ddim o John

Helpodd e ddim ohono i

Helpodd e ddim ohonot ti

Helpodd e ddim ohono fe

Helpodd e ddim ohoni hi

Helpodd e ddim ohonon ni

Helpodd e ddim ohonoch chi

Helpodd e ddim ohonyn nhw

Cofiwch:

Wrtho i	Ynddo i
Wrthot ti	Ynddot ti
Wrtho fe	Ynddo fe
Wrthi hi	Ynddi hi
Wrthon ni	Ynddon ni
Wrthoch chi	Ynddoch chi
Wrthyn nhw	Ynddyn nhw

Gyda'ch partner, gwrthodwch wneud y canlynol. (*Refuse to do the following.*) Dilynwch y patrwm:

Talwch fi!   Thala i ddim ohonot ti _____

Helpwch nhw!   _____

Codwch hi!   _____

Helpwch Dafydd!   _____

Tala ni!   _____

Ffoniwch hi!   _____

Helpa Siân!   _____

Ysgrifenna nhw!   _____

Pryna fe!   _____

Edrychwch arno fe! _____

Felly, dyn ni'n defnyddio 'ddim o' gyda

short form negative + *y*
short form negative + *enw*
short form negative + *person*

Wela i ddim o'r plant
Wela i ddim o John
Wela i ddim ohono fe

OND

Dw i ddim wedi gweld John
Fydda i ddim yn gweld John

Hefyd, dyn ni ddim yn defnyddio 'ddim o' pan fydd arddodiad (*preposition*) fel 'at, â, i'.

Anfonais i ddim cerdyn at John
Siarada i ddim â John
Ofynnodd e ddim i John

E. **Sgwrsio:**

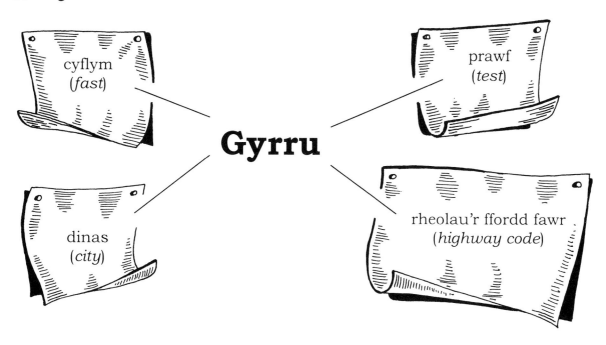

Cwestiynau posibl:

Dych chi'n gyrru?
Oes car gyda chi?
Dych chi'n hoffi gyrru?
Dych chi'n hoffi gyrru yn y wlad, mewn dinasoedd, ar y draffordd?
Ble dysgoch chi?
Sawl prawf gawsoch chi? Ble?
Dych chi'n gwybod rheolau'r ffordd fawr yn dda?
Dych chi'n gyrru'n gyflym?
Dych chi'n mynd yn grac (*angry*) yn y car?

1.   Dych chi wedi dysgu:

1)

Ddarllenais i ddim llyfr
Ddarllenais i ddim o'r llyfr
Ddarllenais i ddim o War and Peace
Ddarllenais i ddim ohono fe

Welais i ddim merch
Welais i ddim o'r ferch
Welais i ddim o Siân
Welais i ddim ohoni hi

Ddysgais i ddim plant
Ddysgais i ddim o'r plant
Ddysgais i ddim o Siân a Siôn
Ddysgais i ddim ohonyn nhw

2) **Yr arddodiad (*preposition*) o**

ohono i
ohonot ti
ohono fe
ohoni hi
ohonon ni
ohonoch chi
ohonyn nhw

2. **Geirfa**

henoed (g)	*old people*
lawnt (g)	*lawn*
meddwl (g)	*mind*
perfformiad (g)	*performance*
prawf (g)	*test*
allanfa (b)	ffordd allan
dinas (b)	*city*
gorsaf (b)	*station*
llyfrgell (b)	*library*
mynedfa (b)	ffordd i mewn
oriel (b)	*gallery*
rheilffordd (b)	*railway*
rheol (b)	*rule*
berwi	*to boil*
torri	*to cut, to break*
achos	*because*

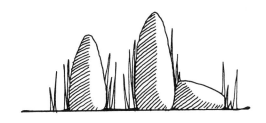

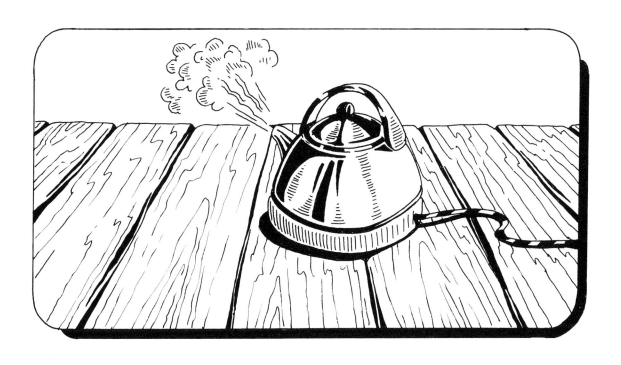

141

UNED 32 - HELPWCH EICH HUN - GARTRE

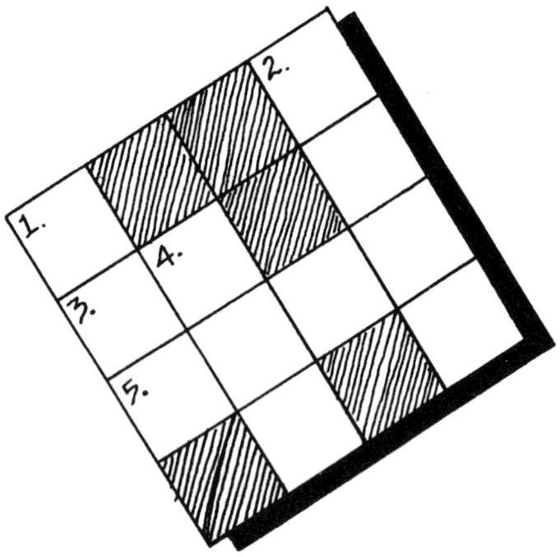

1. Llenwch y bylchau:

ohono	i
____________	ti
____________	fe
ohoni	_____
____________	ni
ohonoch	_____
____________	nhw

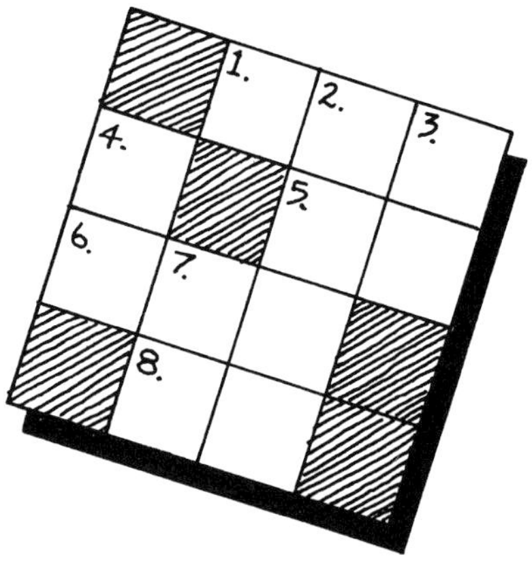

2. Trowch i'r negyddol:

Clywais i'r newyddion

____

Gwelais i fe

____

Bwytais i'r brechdanau i ginio

____

Ces i dost i frecwast

____

Helpais i nhw

____

Talodd e fi

____

Talodd e'r bil

Clywodd e ti

Talodd e am y tocyn

---

3. Cyfieithwch i'r Gymraeg:

I won't write today - I'm busy. Tomorrow perhaps.

I won't send the letter. I've changed my mind.

I won't pay the bill. The food was cold.

I won't speak to him again.

---

4.   Ysgrifennwch tua 50 gair am 'gyrru'. Defnyddiwch ddarn arall o bapur.

5. Darllen a Deall

Arwyddion Cyhoeddus (*public signs*)

Yng ngholofn A mae rhestr (*list*) o arwyddion cyhoeddus, ac yng ngholofn B mae disgrifiad (*description*) o beth fyddwch chi'n wneud yn y lleoedd yma.

Cysylltwch (*connect*) un gair o Golofn A gyda brawddeg o Golofn B.

A	**B**
Swyddfa'r Post	Dyma'r ffordd i mewn
Canolfan Hamdden	Mae hen bobl yn byw yma
Ysbyty	Mae'n bosib benthyg llyfr yma
Neuadd y Dref	Mae'n bosib prynu stampiau yma
Mynedfa	Mae'n bosib cael bwyd yma
Bwyty	Mae'n bosib nofio a chwarae badminton yma
Ysgol Feithrin	Mae'n bosib dal trên yma
Traeth	Mae llawer o luniau yma
Llyfrgell	Mae plant bach 3-4 oed yn mynd yma
Llwybr Cyhoeddus	Mae doctoriaid a nyrsys yn gweithio yma
Allanfa	Mae'n bosib chwarae ac edrych ar y môr yma
Gorsaf Rheilffordd	Mae'n bosib mynd am dro y ffordd yma
Cartref Henoed	Dyma'r ffordd allan
Oriel	Mae cyfarfodydd a pherfformiadau yma

6. Nodwch bum gair/ymadrodd defnyddiol o'r uned.

un _____

dau _____

tri _____

pedwar _____

pump _____

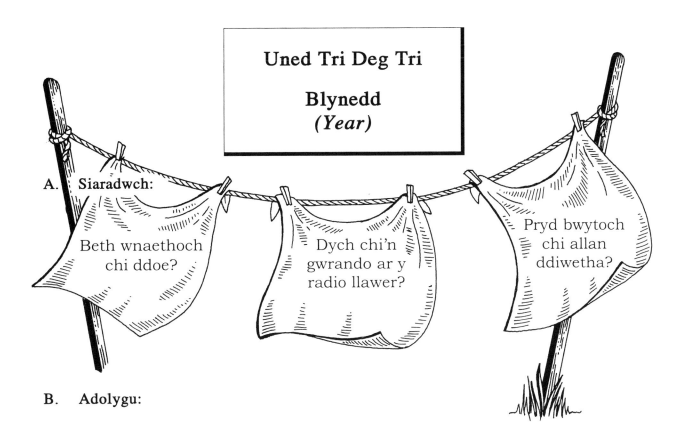

Uned Tri Deg Tri

Blynedd
(Year)

A. Siaradwch:

Beth wnaethoch chi ddoe?

Dych chi'n gwrando ar y radio llawer?

Pryd bwytoch chi allan ddiwetha?

B. Adolygu:

Tanlinellwch (*underline*) 5 o'r geiriau yn y grid.

John	y ceir	yr arian	y rhaglen	yr awyrennau
y llyfr	Siân	y bwthyn	yr anifeiliaid	ceffyl
bara	y cadeiriau	y plant	ci	y ffilm
y blodau	cwch	y gyfres	y staff	y tocyn
cymdogion	y siec	y briodas	y chwiorydd	Dafydd

Bydd eich partner yn dyfalu (*to guess*) pa eiriau danlinelloch chi trwy ofyn:

'Weloch chi'r _____ceir_____ ?

Atebwch:

Do, gwelais i'r ceir (y gair wedi'i danlinellu)

neu

Naddo, welais i ddim o'r ceir /   (y gair heb ei danlinellu /
Naddo, welais i ddim ohonyn nhw   *the word was not underlined*)

Y cyntaf i ddyfalu'r pump sy'n ennill

C.   Blynedd:

Dysgwch,

un	flwyddyn
dwy	flynedd
tair	blynedd
pedair	blynedd
pum	mlynedd
chwe	blynedd
saith	mlynedd
wyth	mlynedd
naw	mlynedd
deg	mlynedd
ugain	mlynedd
hanner can	mlynedd
can	mlynedd

Ar ôl rhif, y gair Cymraeg am '*year*' ydy blynedd, ond un flwyddyn.

dwy + tr. meddal - dwy ferch, dwy bunt, dwy flynedd

tair, pedair - dim treiglad - tair merch, pedair punt, pedair blynedd

pum, saith, wyth, naw, deg - treiglad trwynol - deg mlynedd (gyda'r gair blynedd)

OND
   CHWE BLYNEDD
ar ôl deg mae hi'n bosibl defnyddio'r lluosog (*plural*)
   un deg saith mlynedd neu
   un deg saith o flynyddoedd
   tri deg pum mlynedd neu
   tri deg pump o flynyddoedd

Ch.   Ers:

Gyda'ch tiwtor neiwidiwch y geiriau sy wedi'u tanlinellu.

Dw i'n briod ers saith mlynedd
Dw i'n byw yn fy nhŷ ers deg mlynedd
Dw i yn fy swydd bresennol ers pedair blynedd

Ers faint dych chi'n ....?

Gofynnwch y cwestiynau i aelodau'r dosbarth.

Enw	Gyrru	Dysgu Cymraeg	Gweithio	Bancio gyda'ch banc presennol	Gallu nofio

Ysgrifennwch atebion am un person:

1. <u>Mae</u> yn gyrru ers

2.

3.

4.

5.

D. Am:

Gyda'ch tiwtor, newidiwch y geiriau sy wedi'u tanlinellu.

Ro'n i yn fy swydd ddiwetha am <u>bum mlynedd</u>
Ro'n i yn fy nhŷ diwetha am <u>chwe blynedd</u>
Roedd fy nghar diwetha gyda fi am <u>bedair blynedd</u>

Dyn ni'n defnyddio 'ers' pan mae'r weithred yn mynd ymlaen ac 'am' pan mae drosodd.
We use 'ers' when the action referred to is ongoing and 'am' when it is over.

Mae treiglad meddal ar ôl 'am'.

Am faint ro'ch chi ....?

Unwaith eto, gofynnwch gwestiynau i aelodau'r dosbarth.

Enw	yn yr ysgol uwchradd	yn eich swydd gynta chi	yn byw gyda'ch rhieni chi

Dd. Yn ôl:

dwy flynedd	OND	ddwy	flynedd	yn	ôl
tair blynedd		_____	_____	_____	_____
pedair blynedd		_____	_____	_____	_____
pum mlynedd		_____	_____	_____	_____
deg mlynedd		_____	_____	_____	_____
deuddeg mlynedd		_____	_____	_____	_____
can mlynedd		_____	_____	_____	_____

Gofynnwch i'ch partner o'n nhw'n gwneud y pethau isod (*below*) bum mlynedd yn ôl. Wedyn, bydd partner newydd yn gofyn yr un cwestiynau am eich partner gwreiddiol.

' ………………………………………….. bum mlynedd yn ôl?'

	PARTNER 1 Enw _____		PARTNER 2 Enw _____	
	✓	✗	✓	✗
byw yn yr un tŷ				
gwneud yr un swydd				
dysgu Cymraeg				
cadw'n heini				
canu mewn côr				
gwrando ar Radio Cymru				
bwyta cig				
cerdded llawer				
dilyn cwrs				
defnyddio cyfrifiadur				

E.   Sgwrsio:

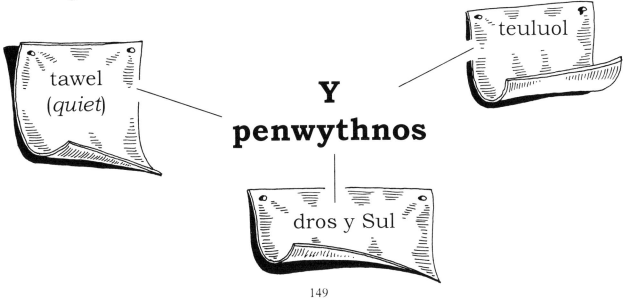

tawel (*quiet*)

teuluol

Y penwythnos

dros y Sul

Cwestiynau posibl:

Beth dych chi'n wneud dros y Sul fel arfer?
Beth wnaethoch chi y penwythnos diwetha?
Beth wnewch chi y penwythnos nesa?
Dych chi'n hoffi penwythnosau teuluol?
Dych chi'n hoffi penwythnosau tawel?
Dych chi'n hoffi mynd i ffwrdd dros y Sul? Pa mor aml dych chi'n mynd ac i ble?
Dych chi'n gwneud llawer o waith tŷ dros y Sul?
Dych chi'n gwahodd ffrindiau i'r tŷ yn aml?

1. Dych chi wedi dysgu:

1) Dyn ni'n defnyddio'r gair 'blynedd' ar ôl rhif (heblaw 1):

un flwyddyn
dwy flynedd
tair blynedd
pedair blynedd
pum mlynedd
chwe blynedd
saith mlynedd
wyth mlynedd
naw mlynedd
deg mlynedd
deuddeg mlynedd
ugain mlynedd
hanner can mlynedd
can mlynedd

2) Mae dewis (*choice*) ar ôl 10

un deg naw mlynedd
un deg naw o flynyddoedd

3) Dyn ni'n defnyddio **ers** pan mae'r weithred yn parhau (*when the action referred to is still continuing*). Does dim treiglad ar ôl 'ers'.

4) Dyn ni'n defnyddio **am** pan mae'r weithred drosodd (*when the action referred to is over*). Mae treiglad meddal ar ôl 'am'.

5) Yn ôl - ago. Mae'r treiglad meddal yn digwydd.

Ro'n i'n byw yma ddwy flynedd yn ôl.

2. Geirfa:

dewis (g)	-	*choice*
ieuenctid (g)	-	*youth*
penwythnos (g)	-	*weekend*
cornel (b)	-	*corner*
oedolion (ll)	-	*adults*
presennol	-	*present*
tawel	-	*quiet*
teuluol	-	*family*
bob amser	-	*always*
dros y Sul	-	*over the weekend*

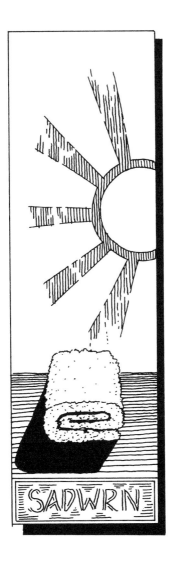

---

1.   Atebwch y cwestiynau:

Ers faint dych chi'n dysgu Cymraeg?

_____

Ers faint dych chi'n byw yn eich tŷ chi?

_____

Am faint ro'ch chi yn eich swydd ddiwetha?

_____

Am faint ro'ch chi yn yr ysgol uwchradd?

_____

Ble ro'ch chi'n byw ddeuddeg mlynedd yn ôl?

_____

Beth o'ch chi'n wneud ddeg mlynedd yn ôl?

_____

---

2. Beth ydy'r cwestiwn?

_____

Ro'n i'n byw yn y tŷ am bedair blynedd.

_____

Ro'n i'n gweithio i'r cyngor dair blynedd yn ôl.

_____

Dw i'n gweithio yn yr ysgol ers naw mlynedd.

_____

Dw i'n dysgu nofio ers blwyddyn a hanner.

_____

Ro'n i yn fy swydd gyntaf am ugain mlynedd.

3. Llenwch y bylchau gyda'r gair 'blynedd'.

saith _____   can _____

deg _____   pymtheg _____

dwy _____   pedair _____

wyth _____   chwe _____

tair _____   ugain _____

4. Ysgrifennwch tua 50 gair am 'y penwythnos'. Defnyddiwch ddarn arall o bapur.

5. Darllen a Deall.

CWPWRDD CORNEL
3 Tŷ'r Felin, Llawr y Dref, Llangefni
Ffôn: [01248] 750278

Llyfrau Newydd:
"Tawelu'r Ysbrydion" - William Owen
"Y Dŵr Mawr Llwyd" - Robin Llewellyn
"Saunders Lewis a Theatr Garthewin"

Llyfrau Newydd yr Ysgol Sul: i blant, ieuenctid ac oedolion.

Llyfrau Piano mewn stoc

Dyddiaduron Y Lolfa mewn stoc

Ble mae Cwpwrdd Cornel?

_____

_____

Beth ydy'r rhif ffôn?

_____

_____

Enwch ddau o'r llyfrau newydd sy ar werth yn y siop

_____

_____

Beth arall sy mewn stoc? (dau beth)

_____

_____

---

6. Nodwch bum gair/ymadrodd defnyddiol o'r uned.

un _____

dau _____

tri _____

pedwar _____

pump _____

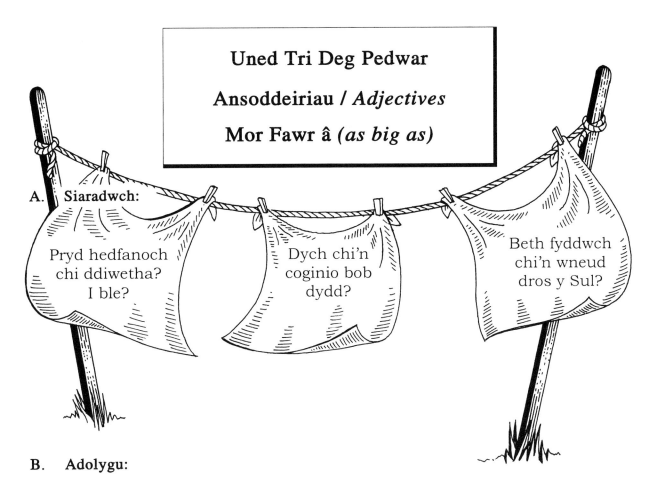

Uned Tri Deg Pedwar

Ansoddeiriau / *Adjectives*

Mor Fawr â *(as big as)*

A. Siaradwch:

Pryd hedfanoch chi ddiwetha? I ble?

Dych chi'n coginio bob dydd?

Beth fyddwch chi'n wneud dros y Sul?

B. Adolygu:

Gofynnwch y ddau gwestiwn isod i aelodau'r dosbarth:

Ble ro'ch chi <u>ddwy flynedd</u> yn ôl?

Beth o'ch chi'n wneud ar y pryd (*at that time*)?

Rhowch y gair 'blynedd' ar ôl y rhif ar y grid:

Enw	2	6	10	15	20

Ysgrifennwch am un aelod o'r dosbarth:

1. Roedd _____ ddwy flynedd yn ôl.

2. _____

3. _____

4. _____

5. _____

C. Disgrifio:

Edrychwch ar y lluniau a dewisiwch un o'r geiriau o'r bocs ar y gwaelod (*bottom*) i ddisgrifio'r bobl.

ifanc	hyll	tal	tew
hen	byr	golygus	tenau

Ch. Pa mor ....?:

Dysgwch y cwestiynau yma a'u gofyn i bawb yn y dosbarth:

tal - **Pa mor dal dych chi?** *How tall are you?*
(troedfedd - *foot*; modfedd - *inch*)

pell - **Pa mor bell dych chi'n byw o'r dosbarth?**
(milltir)

da - **Pa mor dda dych chi'n nofio?**

Nawr, meddyliwch am dri chwestiwn arall yn dechrau gyda 'Pa mor dda ....?'

Pa mor dda _____ ?

Pa mor dda _____ ?

Pa mor dda _____ ?

Nawr, edrychwch ar y grid a gofynnwch gwestiynau i'ch partner yn dechrau gyda:

Pa mor aml .... ?

Unwaith - *once*; dwywaith - *twice*; tair gwaith - *three times*

siopa	
mynd ar wyliau	
bwyta allan	
mynd i nofio	
mynd i'r sinema	
bwyta siocled	
gwneud ymarfer corff	
darllen y papur	

D. Mor dal â ....:

Dw i mor dal â chi - *I am as tall as you*

Beth ydy?

    as fat as   _____

    as thin as   _____

    as young as   _____

Dyma John:

Mae John yn 6'2"
Mae John yn 13 stôn
Mae John yn 39

Dyma Siân:

Mae Siân yn 5'6"
Mae Siân yn 10 stôn
Mae Siân yn 29

Dyma Dafydd:

Mae Dafydd yn 5'5"
Mae Dafydd yn 15 stôn
Mae Dafydd yn 35

Gyda'ch partner, ysgrifennwch bum brawddeg yn y negyddol.

Defnyddiwch y geiriau - tal, trwm, hen.

Dilynwch y patrwm:

1.   Dydy Siân ddim mor dal â John _____

2.   _____

3.   _____

4.   _____

5.   _____

6.   _____

Nesa, gyda phartner newydd, ysgrifennwch frawddegau negyddol am y parau isod. Defnyddiwch rai o'r ansoddeiriau sy yn y bocs.

e.e. Dydy Abertawe ddim mor fawr â Chaerdydd.

eliffant a llygoden (mouse)   _____

Cymru a Lloegr   _____

Cymru a Sbaen   _____

criced a rygbi   _____

caviar a sglodion   _____

America ac Awstralia   _____

bach	trwm	diddorol
peryglus (*dangerous*)	blasus (*tasty*)	pell
mawr	drud	cryf (*strong)*

Mae treiglad llaes ar ôl 'â'.

Dydy Abertawe ddim mor fawr â Chaerdydd

Mae 'a' yn newid i 'ag' o flaen llafariad (*before a vowel*):

Dydy America ddim mor bell ag Awstralia

Dd. Sgwrsio:

offeryn
(*instrument*)

gweithgareddau
(*activities*)

Plentyndod
(*Childhood*)

Cwestiynau posibl:

Ble ro'ch chi'n byw pan o'ch chi'n blentyn?
Ble aethoch chi i'r ysgol?
O'ch chi'n cymryd rhan mewn llawer o weithgareddau?
Ddysgoch chi chwarae offeryn?
Ble ro'ch chi'n mynd ar wyliau pan o'ch chi'n blentyn?
Pwy oedd eich ffrind cynta chi?
Beth o'ch chi'n hoffi ar y teledu pan o'ch chi'n blentyn?
O'ch chi'n darllen comic?

RE CAP

1. **Dych chi wedi dysgu:**

   1) Pa mor + ansoddair - How ....?

      Pa mor dal? Pa mor bell? Pa mor dda?

   2) mor dal â   -   *as tall as*
      mor drwm â
      mor hen â

      Mae treiglad llaes ar ôl 'â' - mor bell â Chaerdydd
      Mae 'a' yn newid i 'ag' o flaen llafariad - mor dal ag Anwen

2. **Geirfa**

bywyd (g)	-	*life*	dangos	-	*to show*
corff (g)	-	*body*	arbennig	-	*special*
mis (g)	-	*month*	blasus	-	*tasty*
misoedd (ll)	-	*months*	cryf	-	*strong*
offeryn (g)	-	*instrument*	hen	-	*old*
plentyndod (g)	-	*childhood*	peryglus	-	*dangerous*
llygoden (b)	-	*mouse*	tenau	-	*thin*
oes (b)	-	*age, lifetime*	ar y pryd	-	*at the time*
troedfedd (b)	-	*foot*	o'r blaen	-	*before*
gweithgareddau (ll)	-	*activities*			

1. **Cyfieithwch:**

I am as tall as you _____

He is not as thin as her _____

We are not as young as them _____

Newport isn't as big as Cardiff _____

Bangor isn't as far as Holyhead (Caergybi) _____

Siân isn't as good as Alun _____

Wine isn't as strong as brandy _____

Cricket is as dangerous as rugby _____

Italian food is as tasty as Indian food _____

I am as good as you _____

2. Ysgrifennwch tua 50 gair am eich plentyndod chi. Defnyddiwch ddarn arall o bapur.

3. Darllen a Deall

Darllenwch y manylion (*details*) am y cyfarfodydd a llenwch y grid.

20 Medi. Adran yr Urdd, Nefyn. Cyfarfod cyntaf y tymor, yn yr ysgol, am bump o'r gloch. Bydd Tony Llywellyn yn siarad â'r plant.

22 Medi. Clwb Myrddin, Caerfyrddin, yn cyfarfod yn y Neuadd am ddau o'r gloch. Bydd Mrs Val Russell yn siarad am fywyd yn yr oes o'r blaen.

15 Hydref. Merched y Wawr, Abertawe, yn cyfarfod yn Nhŷ Tawe am hanner awr wedi saith. Bydd Siân Thomas yn dangos sleidiau ac yn siarad am ei thaith i India. Croeso arbennig i aelodau newydd a dysgwyr yr ardal.

20 Tachwedd. Clwb Garddio, Pontypridd yn cyfarfod yn Neuadd Capel Sardis am saith o'r gloch. Bydd Mrs Ellen Morgan yn siarad am arddio yn ystod misoedd y gaeaf.

Dyddiad	Pa glwb?	Ble?	Faint o'r gloch? (Mewn ffigurau / *in figures*)	Pwy sy'n siarad?
	Adran yr Urdd, Nefyn			
				Mrs Russell
		Tŷ Tawe		
20 Tachwedd				

4. Nodwch bum gair/ymadrodd defnyddiol o'r uned.

un _____

dau _____

tri _____

pedwar _____

pump _____

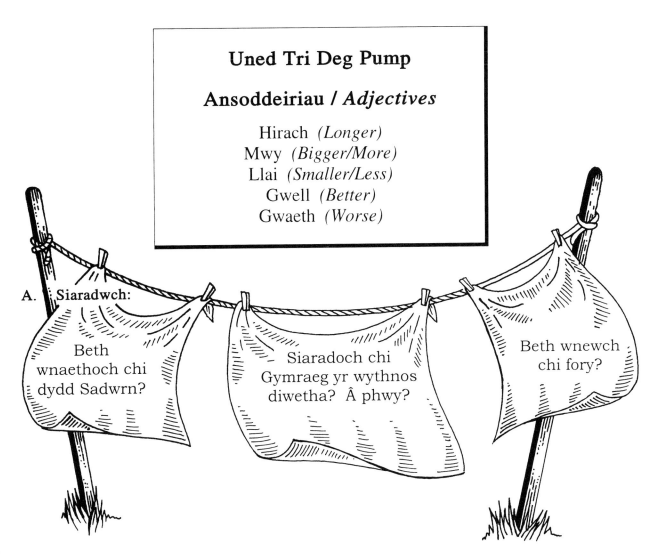

Uned Tri Deg Pump

Ansoddeiriau / *Adjectives*

Hirach *(Longer)*
Mwy *(Bigger/More)*
Llai *(Smaller/Less)*
Gwell *(Better)*
Gwaeth *(Worse)*

A. Siaradwch:

Beth wnaethoch chi dydd Sadwrn?

Siaradoch chi Gymraeg yr wythnos diwetha? Â phwy?

Beth wnewch chi fory?

B. Adolygu:

Mae dau berson yn siarad. Beth mae'r ail berson yn ei ddweud? Dilynwch y patrwm:

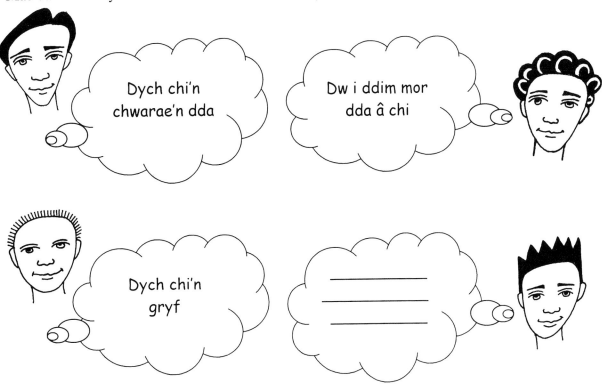

Dych chi'n chwarae'n dda

Dw i ddim mor dda â chi

Dych chi'n gryf

_____
_____
_____

C.   Hirach (*longer*):

Dysgwch: Hir   >   **Hirach**
            Aml   >   **Amlach**
            Cryf   >   **Cryfach**

Llenwch y tabl:

hen   >   _____   ifanc   >   _____

pell   >   _____   tal   >   _____

tawel   >   _____   tew   >   _____

hapus   >   _____   hwyr   >   _____

pert   >   _____   twym   >   _____

Dysgwch:

Dw i'n dalach na chi

Dw i'n fyrrach na John

Dw i'n ifancach na Siân

Dw i'n henach na Dafydd

   Cofiwch fod treiglad meddal pan fydd ansoddair ar ôl 'yn' -
Mae hi'n <u>d</u>wym

Gyda'ch partner, cymharwch (*compare*) y bobl yn y lluniau. Dilynwch y patrwm:

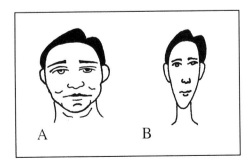

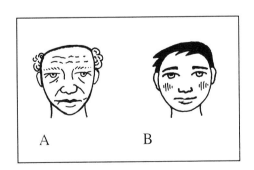

___ Mae A yn dewach na B ___   _____

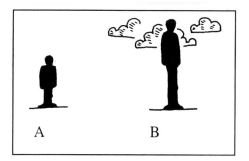

_____

_____

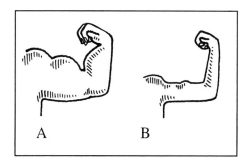

_____

_____

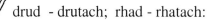

Os bydd ansoddair yn gorffen gyda -d, -g, neu -b, dyn ni'n gweld newid yn y llythyren (a letter change):

drud - drutach; rhad - rhatach:

Mae Marks a Spencer yn ddrutach na Primark;

teg (fair) - tecach:

"Calon lân yn llawn daioni
Tecach yw na'r lili dlos"

gwlyb - gwlypach:

Mae hi'n wlypach heddiw na ddoe

Ch. Mwy, Llai, Gwell, Gwaeth (*Bigger, Smaller, Better, Worse*):

Dysgwch:

Mae Llundain yn fwy na Chaerdydd	*London is bigger than Cardiff*
Mae Caerfyrddin yn llai nag Abertawe	*Carmarthen is smaller than Swansea*
Mae rygbi yn well na phêl-droed	*Rugby is better than football*
Mae'r tywydd yn waeth heddiw na ddoe	*The weather is worse today than yesterday*

Unwaith eto, gyda phartner newydd, awgrymwch gymhariaeth (*suggest a comparison*). Defnyddiwch 'gwell', 'gwaeth', 'mwy', a 'llai'.

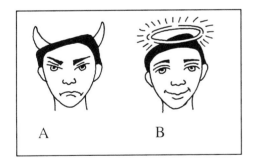

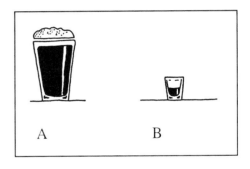

Nawr, gyda phartner newydd, cymharwch yr isod. Unwaith eto, defnyddiwch 'mwy', 'llai', 'gwell' a 'gwaeth'.

e.e. Cymru a Lloegr   Mae Cymru yn llai na Lloegr

       ci ac eliffant

       bwyd Indian a
       bwyd Tseina

Tesco a Safeway   _____

golff a chriced   _____

Chwefror ac Awst   _____

piano a ffidil   _____

Pobl y Cwm a
Coronation Street   _____

Ben Nevis a'r Wyddfa   _____

Seland Newydd ac
Awstralia   _____

haul a glaw   _____

a) Mae treiglad llaes ar ôl 'na' :
'Mae Llundain yn fwy na Chaerdydd'

b) Os bydd 'na' yn dod cyn llafariad (*vowel*) mae'n
newid i 'nag' e.e.
'Mae Caerfyrddin yn llai nag Abertawe'

D.   Mwy Cyfrifol (*More Responsible*):

Dysgwch:

Dych chi'n fwy cyfrifol na fi

Mae John yn fwy golygus na Jac

Mae rygbi'n fwy peryglus na Monopoly

Mae Newsnight yn fwy diddorol na Neighbours

Fel yn Saesneg, gydag ansoddeiriau hir, dyn ni'n
defnyddio'r gair mwy (*more*) e.e.

  diddorol - mwy diddorol (*more interesting*)

Mae treiglad meddal ar ôl 'yn':

  yn fwy diddorol

Gyda'ch partner, defnyddiwch yr ansoddeiriau isod mewn brawddegau (*sentences*):

cyfrifol _____

golygus _____

peryglus _____

diddorol _____

blasus _____

gofalus
(*careful*) _____

esgeulus
(*careless*) _____

deallus
(*intelligent*) _____

cyfeillgar
(*friendly*) _____

Dd. Llythyrau Canolwyr (*Referees*)

Mae tri pherson wedi gwneud cais (*application*) am swydd yn eich swyddfa chi. Gyda'ch partner a gyda'ch tiwtor, darllenwch lythyrau'r canolwyr:

Annwyl Ms Jones

Huw Thomas

Diolch am eich llythyr. Mae Huw yn fachgen cyfeillgar iawn. Mae e'n dod ymlaen yn dda gyda'r bobl eraill yn y swyddfa.

Yn anffodus, mae e'n gweithio'n araf (slow) *iawn - does dim llawer yn ei ben.*

Yn gywir,

P. Smart

Annwyl Ms Jones

Menna John

Mae Menna yn ferch hyfryd. Mae digon yn ei phen. Mae hi'n gallu gweithio'n gyflym (fast) *ac mae hi'n ddigon cyfeillgar gyda'r bobl eraill yn y swyddfa.*

Yn anffodus, mae hi'n hwyr bob bore. Ar ôl cyrraedd y swyddfa mae hi'n hoffi yfed coffi a siarad. Mae hi'n gallu bod yn esgeulus hefyd!

Yn gywir,

M. Evans

Annwyl Ms Jones

Alun Owen

Mae Alun yn ddyn deallus a gofalus. Mae ei waith e bob amser yn dda ac mae e'n gallu gweithio'n gyflym iawn.

Yn anffodus, mae e'n gallu bod yn gas (nasty) *wrth y bobl eraill yn y swyddfa.*

Yn gywir,

J. Phillips

Nawr, gyda'ch partner, rhowch ✓ yn y lle iawn:

	Cywir	Anghywir

Mae Huw yn fwy cyfeillgar nag Alun

Mae Alun yn fwy gweithgar (*hardworking*) na Menna

Mae Menna yn fwy diog (*lazy*) nag Alun

Mae Huw yn gyflymach nag Alun

Mae Alun yn gasach na Huw

Mae Menna yn gasach nag Alun

Mae Alun yn fwy esgeulus na Menna

Mae Huw yn fwy deallus na Menna

Mae Huw yn gasach nag Alun

Mae Menna'n fwy cyfeillgar na Huw

I BWY DYCH CHI'N MYND I ROI'R SWYDD?

E. Sgwrsio:

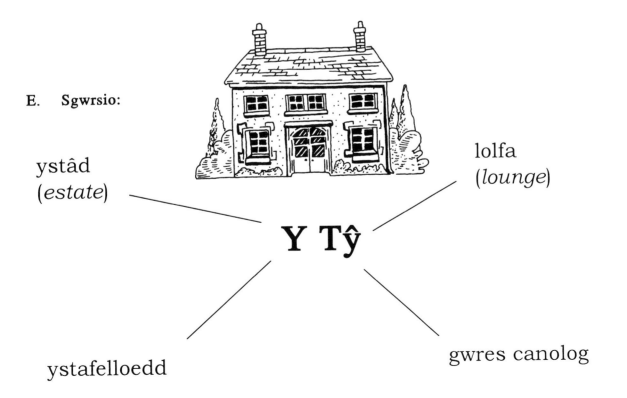

ystâd
(*estate*)

lolfa
(*lounge*)

Y Tŷ

ystafelloedd

gwres canolog

Cwestiynau posibl:

Dych chi'n byw mewn hen dŷ neu mewn tŷ modern?
Faint o ystafelloedd sy yn y tŷ? Beth ydyn nhw?
Oes gwres canolog yn y tŷ?
Beth ydy'ch hoff ystafell chi?
Dych chi wedi gwneud llawer o waith ar eich tŷ chi?
Hoffech chi newid rhywbeth am eich tŷ chi?

RE CAP

1.

1. Gydag ansoddeiriau byr (*short*), dyn ni'n ychwanegu (*to add*) **-ach** fel **-er** yn Saesneg e.e.

   hirach - *longer*

2. d > t - rhad > rhatach
   g > c - teg > tecach
   b > p - gwlyb > gwlypach

3. Ansoddeiriau afreolaidd (*irregular*) e.e.

   mwy > *bigger / more*
   llai > *smaller / less*
   gwell > *better*
   gwaeth > *worse*

4. Gydag ansoddeiriau hir, dyn ni'n rhoi'r gair 'mwy' o flaen (*in front of*) yr ansoddair e.e.

   diddorol > mwy diddorol

5. Mae treiglad meddal ar ôl 'yn' ond dim ar ôl 'mwy' e.e.

   yn dalach
   yn well
   yn fwy diddorol

6. Mae treiglad llaes 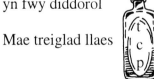 ar ôl 'na' e.e.

   Mae Abertawe yn llai na Chaerdydd

7. Mae 'na' yn troi yn 'nag' o flaen llafariad (*vowel*) e.e.

   Mae Caerfyrddin yn llai nag Abertawe

2. Geirfa:

cais (g)	-	*application*
canolwr/aig	-	*referee* (pan dych chi'n gwneud cais am swydd)
lolfa (b)	-	*lounge*
ystâd (b)	-	*estate*
cyflwyno	-	*to present, introduce*
cymharu	-	*to compare*
enwi	-	*to name*
anffodus	-	*unfortunate*
araf	-	*slow*
bywiog	-	*lively*
canolog	-	*central*
cas	-	*nasty*
cyfeillgar	-	*friendly*
deallus	-	*intelligent*
diog	-	*lazy*
esgeulus	-	*careless*
gofalus	-	*careful*
gweithgar	-	*hardworking*

UNED 35 - HELPWCH EICH HUN   - GARTRE

---

1. **Defnyddiwch 'yn fwy na' neu 'yn llai na' i gymharu (*compare*) yr isod:**

Caerdydd / Paris   _____

Efrog Newydd (*New York*)/
Abertawe   _____

Llundain / Llanelli   _____

Aberystwyth / Casnewydd _____

Wrecsam / Harlech   _____

---

2. **Beth ydy'ch barn (*opinion*)?**

Defnyddiwch 'yn well na' neu 'yn waeth na' i gymharu'r isod:

Caerdydd / Abertawe   _____

Paris / Llundain   _____

Llundain / Caerdydd   _____

Cymru / Lloegr   _____

De Cymru / Gogledd Cymru _____

---

3. **Defnyddiwch yr ansoddeiriau isod mewn brawddegau:**

gofalus   _____

tal   _____

hen   _____

tawel   _____

cyfeillgar   _____

4. Ysgrifennu tua 50 gair am 'Y Tŷ'. Defnyddiwch ddarn arall o bapur.

---

5. **Darllen a Deall**

Darllenwch yr hysbyseb (*advertisement*) ac atebwch y cwestiynau:

CWMNI THEATR GWYNEDD
  yn cyflwyno

William Jones

gan T. Rowland Hughes

Addasiad llwyfan gan Valmai Jones a Gruffydd Jones
  Cyfarwyddwr: Graham Laker

Mae'r sioe fywiog hon yn addas i'r teulu i gyd. Addasiad o'r nofel WILLIAM JONES gan T. Rowland Hughes ydy'r sioe ac mae'n llawn hiwmor a thristwch y gwreiddiol.

Yr actorion:
Mici Plwm fydd yn cymryd rhan William Jones gyda Siân Wheldon, Jonathan Nefydd, Idris Morris, Lydia Lloyd Parry, Wynfford Elis Owens, Dora Jones, Grey Evans a Huw Emlyn.

Peidiwch â'i cholli!

Y DAITH

Theatr y Werin, Canolfan y Celfyddydau, Aberystwyth
Nos Wener - Nos Sadwrn 29-30 Medi, 7.30y.h.
Swyddfa Docynnau: Aberystwyth (01792) 623232

Theatr Gwynedd, Bangor
Nos Fawrth - Nos Sadwrn 3-7 Hydref, 7.30y.h.
Swyddfa Docynnau: Bangor (01248) 351708

1. Pwy ysgrifennodd William Jones?

   _____

2. Pwy ydy'r cyfarwyddwr?

   _____

3. Enwch 3 o'r actorion.

   _____

4. Pryd bydd William Jones yn Theatr y Werin?

   _____

5. Ble bydd William Jones ar nos Sadwrn 7fed o Hydref?

   _____

6. Nodwch bum gair/ymadrodd defnyddiol o'r uned.

un   _____

dau   _____

tri   _____

pedwar _____

pump   _____

Uned Tri Deg Chwech

Ansoddeiriau / *Adjectives*

Hira *(Longest)*
Mwya *(Biggest, Most)*
Lleia *(Smallest, Least)*
Gorau *(Best)*
Gwaetha *(Worst)*
Mwya Cyfrifol *(Most Responsible)*

A. Siaradwch:

Pa mor aml dych chi'n torri eich gwallt? Ble?

Beth ydy eich hoff raglen deledu ar y foment?

Beth wnewch chi y penwythnos nesa?

B. Adolygu:

Dilynwch y patrwm:

Mae Llundain yn bell	Mae Caeredin yn bellach
Mae bwyd Indian yn flasus	Mae bwyd yn Tseina yn fwy blasus
Mae rygbi yn beryglus	Mae bocsio yn fwy peryglus
Mae ceir Mercedes yn ddrud	
Mae Cymru yn fach	
Mae Coronation Street yn dda	
Mae hipo yn fawr	
Mae Primark yn rhad	
Mae gwin yn gryf	

Mae Carol Voderman yn
ddeallus

_____

Mae Ioan Gruffudd yn olygus

_____

Mae Cymraeg yn hawdd

_____

Mae'r dosbarth Cymraeg
yn weithgar

_____

C.   Hira (*longest*):

Dysgwch: Hir   >   **Hira**

Cryf   >   **Cryfa**

Araf   >   **Arafa**

Llenwch y tabl:

hen   > _____   ifanc > _____

pell   > _____   tal   > _____

tawel > _____   tew   > _____

hapus > _____   hwyr   > _____

pert   > _____   twym   > _____

Dysgwch:

John ydy'r hena   Siân ydy'r hena
John ydy'r ifanca   Siân ydy'r ifanca
John ydy'r arafa   Siân ydy'r arafa
John ydy'r hapusa   Siân ydy'r hapusa
John ydy'r cryfa   Siân ydy'r gryfa
John ydy'r tala   Siân ydy'r dala

Mae treiglad meddal os dyn ni'n disgrifio un person neu un gwrthrych benywaidd.

We have a soft mutation if we are describing a singular feminine person or object.

Siân ydy'r <u>d</u>ala

Gofynnwch i 5 person yn y dosbarth am eu teuluoedd nhw. e.e. hen - pwy ydy'r hena yn eich teulu chi?

	Enw	Hen	Ifanc	Tal	Cryf	Tawel
1.						
2.						
3.						
4.						
5.						

Ch. Mwya, Lleia, Gorau, Gwaetha (*Biggest, Smallest, Best, Worst*)

Dysgwch:

Caerdydd ydy'r ddinas fwya yng Nghymru
Tyddewi ydy'r ddinas leia yng Nghymru

Mis Ionawr ydy'r mis gwaetha
Mis Awst ydy'r mis gorau

Atebwch y cwestiynau, ac wedyn gofynnwch y cwestiynau i'ch partner chi:

P'un ydy'r mis gorau? _____

P'un ydy'r mis gwaetha? _____

Pwy ydy'r actor gorau? _____

Pwy ydy'r actores orau? _____

P'un ydy'r rhaglen deledu waetha? _____

P'un ydy'r bwyty gorau? _____

P'un ydy'r tymor (*season*) gorau? _____

P'un ydy'r tymor gwaetha? _____

D.　Mwya Cyfrifol (*Most Responsible*):

Dysgwch:

Fe ydy'r mwya cyfrifol	**Hi ydy'r fwya cyfrifol**
Fe ydy'r mwya bywiog	**Hi ydy'r fwya bywiog**
Fe ydy'r mwya gweithgar	**Hi ydy'r fwya gweithgar**
Fe ydy'r mwya cyfeillgar	**Hi ydy'r fwya cyfeillgar**

Unwaith eto, gofynnwch i bum person am eu teuluoedd nhw - e.e. cyfrifol - Pwy ydy'r mwya cyfrifol yn eich teulu chi?

	Enw	**Cyfrifol**	**Bywiog**	**Gweithgar**	**Diog**	**Gofalus**
1.						
2.						
3.						
4.						
5.						

Dd. Gyda'ch partner, edrychwch ar y lluniau ac ysgrifennwch dair brawddeg o dan (*under*) bob llun.

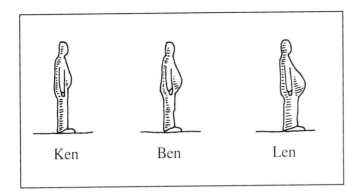

Ken   Ben   Len

1. Mae Ken yn dew
2. Mae Ben yn dewach na Ken
3. Len ydy'r tewa

Mari   Ceri   Lowri

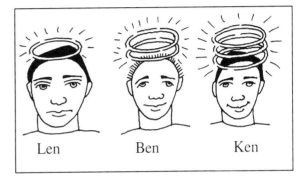

Len   Ben   Ken

1. _____
2. _____
3. _____

1. _____
2. _____
3. _____

Evan   Bevan   Ifan

Meinir   Rhian   Olive

1. _____
2. _____
3. _____

1. _____
2. _____
3. _____

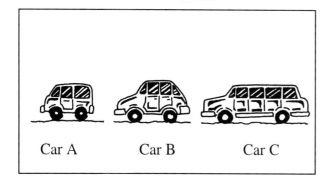

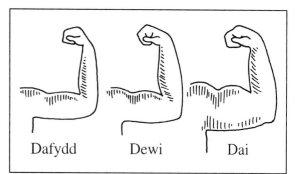

| Car A | Car B | Car C |
| Dafydd | Dewi | Dai |

1. _____   1. _____

2. _____   2. _____

3. _____   3. _____

E.   Llenwch y bylchau:

tal	cryf	_____
talach	_____	llai
tala	_____	_____
_____	da	_____
_____	_____	gwaeth
mwya	_____	_____
_____	rhad	_____
_____	_____	gwlypach
mwya diddorol	_____	_____

182

F.

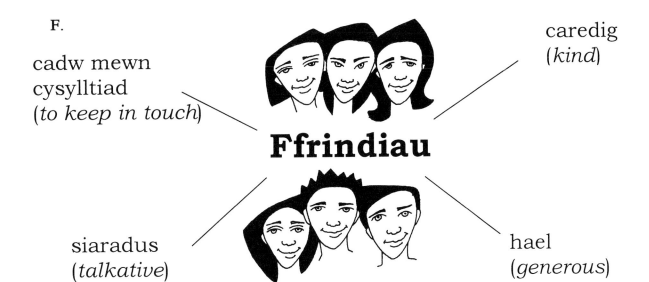

cadw mewn
cysylltiad
(*to keep in touch*)

caredig
(*kind*)

Ffrindiau

siaradus
(*talkative*)

hael
(*generous*)

Cwestiynau posibl:

Disgrifiwch eich ffrind gorau chi.
Oes llawer o ffrindiau gyda chi ers eich plentyndod?
Sut dych chi'n cadw mewn cysylltiad â'ch ffrindiau chi - eu gweld nhw, ffonio, ysgrifennu?
Dych chi'n arfer gwneud ffrindiau newydd ar wyliau?

RE CAP

1. **Dych chi wedi dysgu:**

   1) _____est > _____a

   tala, hira, rhata

   2) Dyn ni'n defnyddio pwyslais (*emphasis*). Mae'r patrwm fel y Saesneg.

   John ydy'r tala

   3) mwya   -   biggest, most
      lleia   -   smallest, least
      gorau   -   best
      gwaetha -   worst

   4) Dyn ni'n defnyddio 'mwya' gydag ansoddeiriau hir e.e.

   mwya siaradus
   mwya caredig

   5) Mae treiglad meddal yn dilyn 'y' pan dyn ni'n disgrifio enw benywaidd (*feminine*)
   e.e.

   Siân ydy'r dala
   Siân ydy'r fwya

2. Geirfa:

bwyty (g)   -   *restaurant*
camgymeriad (g)   -   *mistake*
claf (g)   -   person tost sy'n mynd i weld y meddyg neu i'r ysbyty
cleifion (ll)   -   pobl dost sy'n mynd i weld y meddyg neu i'r ysbyty
cysylltiad (g)   -   *contact, connection*
tymheredd (g)   -   *temperature*
tymor (g)   -   *term, season*
moddion (ll)   -   *medicine*
blewog   -   *hairy*
caredig   -   *kind*
cyflym   -   *fast*
hael   -   *generous*
siaradus   -   *talkative*
o dan   -   *under*
weithiau   -   *sometimes*

1. **Atebwch y cwestiynau gyda brawddegau llawn:**

Pwy ydy'r hena yn eich teulu chi? _____

Pwy ydy'r ifanca yn eich teulu chi? _____

Pwy ydy'r mwya gweithgar yn eich teulu chi? _____

Pwy ydy'r tala yn eich teulu chi? _____

P'un ydy'r siop waetha yn eich ardal chi? _____

Pwy ydy'r awdur gorau? _____

P'un ydy'r rhaglen orau ar y teledu? _____

P'un ydy'r rhaglen waetha ar y teledu? _____

2. **Edrychwch ar y pum siart. Dilynwch y patrwm yn rhif i):**

i)   IQ   IQ   IQ   Mae Dai yn fwy deallus na Sam.

     132   84   42   Mae Sam yn llai deallus na Dai.

     John   Dai   Sam   John ydy'r mwya deallus.

ii)   Teipio llythyr bob dydd
     (gweithgar)

     10   11   12

     Ceri   Twm   Huw

iii)   Gwneud camgymeriadau (*mistakes*)
     bob dydd
     (esgeulus)

     3   9   12

     Alun   Dai   Ken

iv) Cas yn ystod y dydd

Unwaith   Dwywaith   Trwy'r dydd

Meic   Rhian   Helen

_____

_____

_____

v) Hapus yn ystod y dydd

Trwy'r amser   Weithiau   Byth
                 (*sometimes*) (*never*)

Siân   Cath   Mair

_____

_____

_____

3.   **Ysgrifennwch tua 50 gair am 'ffrindiau'. Defnyddiwch ddarn arall o bapur.**

4. Darllen a Deall

Darllenwch y darn a llenwch y grid.

Dw i'n cyrraedd y gwaith am saith o'r gloch ac yn cael adroddiad am y cleifion gan staff y nos. Am hanner awr wedi saith dw i'n trefnu gwaith staff y bore. Wedyn, am chwarter i wyth, dw i'n rhoi moddion i'r cleifion. Am wyth o'r gloch mae'r meddygon yn dod a dw i'n mynd o gwmpas y ward gyda nhw. Mae'r cleifion yn cael brecwast am chwarter wedi wyth ac wedyn mae'r staff yn cael brecwast. Rhwng naw ac un ar ddeg mae'n rhaid gwneud gwaith y bore. Mae'n rhaid cymryd pyls a thymheredd pob claf. Am hanner dydd mae'r cleifion yn cael cinio ac wedyn mae'r staff yn cael cinio.

Ar ôl cinio dw i'n ysgrifennu adroddiad am y cleifion ac am un o'r gloch dw i'n rhoi'r adroddiad i staff y prynhawn. Am hanner awr wedi dau, gyda lwc, dw i'n cael mynd adre.

Amser	Beth sy'n digwydd?
	cyrraedd y gwaith
7.30	
7.45	
	meddygon yn dod
	amser brecwast
9.00 - 11.00	gwaith y bore
12.00	
	rhoi adroddiad i staff y prynhawn
2.30	

5. Nodwch bum gair/ymadrodd defnyddiol o'r uned.

un _____

dau _____

tri _____

pedwar _____

pump _____

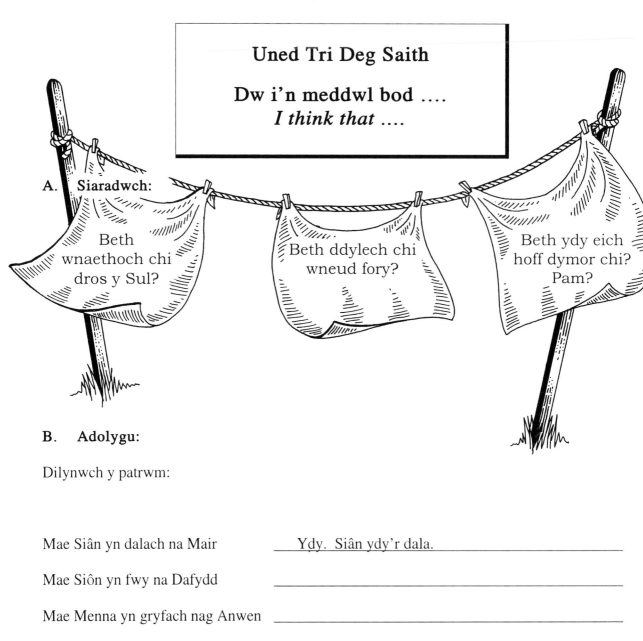

Uned Tri Deg Saith

Dw i'n meddwl bod ....
I think that ....

A. **Siaradwch:**

Beth wnaethoch chi dros y Sul?

Beth ddylech chi wneud fory?

Beth ydy eich hoff dymor chi? Pam?

B. **Adolygu:**

Dilynwch y patrwm:

Mae Siân yn dalach na Mair   Ydy. Siân ydy'r dala.

Mae Siôn yn fwy na Dafydd   _____

Mae Menna yn gryfach nag Anwen   _____

Mae John yn arafach na Marc   _____

Mae Cymru yn llai na Lloegr   _____

Mae sglodion yn waeth na ffrwythau _____

Mae Bethan yn fwy deallus na Ffion _____

Mae'r Western Mail yn rhatach na'r Times _____

Mae Sara yn well na Bob   _____

Mae Catrin yn fwy siaradus na Cerys _____

Mae Lewis yn fwy gweithgar nag Owain _____

Mae mis Mawrth yn wlypach na mis Gorffennaf _____

C.   Dw i'n meddwl bod ....

Gyda'ch tiwtor a gyda'ch partner, newidiwch y geiriau sy wedi'u tanlinellu:

Dw i'n meddwl bod <u>bwyd Indian</u> yn flasus

Dw i'n meddwl bod <u>Pobl y Cwm</u> yn dda

Dw i'n meddwl bod <u>Ioan Gruffudd</u> yn olygus/bert

Dw i'n meddwl bod <u>Rhys Ifans</u> yn dalentog

Beth dych chi'n feddwl?

Gyda'ch partner, ysgrifennwch frawddegau yn dweud beth dych chi'n feddwl:

e.e. lasagne - Dyn ni'n meddwl bod lasagne yn flasus iawn.

croeseiriau (*crosswords*) - _____

criced - _____

rygbi - _____

y dosbarth Cymraeg - _____

opera - _____

y Nadolig - _____

Eastenders - _____

Beth dych chi'n feddwl o ....?

Gofynnwch gwestiynau i 5 aelod o'r dosbarth ac ysgrifennwch eu hatebion yn y grid.

Dechreuwch eich ateb trwy ddweud, 'Dw i'n meddwl bod .....'

	Enw	bore dydd Llun	gwin gwyn	eich meddyg chi	Marks a Spencer	(dewiswch chi) ?
1.						
2.						
3.						
4.						
5.						

Ch. Dysgwch:

Dw i'n gwybod **fy mod i'n** mynd

Dw i'n gwybod **dy fod ti'n** mynd

Dw i'n gwybod **ei fod e'n** mynd

Dw i'n gwybod **ei bod hi'n** mynd

Dw i'n gwybod **ein bod ni'n** mynd

Dw i'n gwybod **eich bod chi'n** mynd

Dw i'n gwybod **eu bod nhw'n** mynd

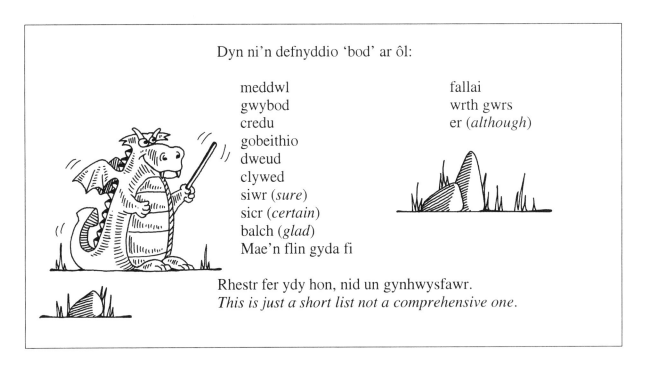

Dyn ni'n defnyddio 'bod' ar ôl:

meddwl
gwybod
credu
gobeithio
dweud
clywed
siwr (*sure*)
sicr (*certain*)
balch (*glad*)
Mae'n flin gyda fi

fallai
wrth gwrs
er (*although*)

Rhestr fer ydy hon, nid un gynhwysfawr.
This is just a short list not a comprehensive one.

D. Fy mod i:

Gyda'ch partner a gyda'ch tiwtor, neiwidwch y geiriau sy wedi'u tanlinellu.

Dw i'n gwybod fy mod i'n <u>gweithio</u> fory
Dw i'n credu fy mod i'n <u>mynd i'r sinema</u> dydd Sadwrn

Gyda'ch partner, ysgrifennwch bum brawddeg yn defnyddio '**fy mod i**':

Dw i'n gwybod   _____

Dw i'n credu   _____

Dwedodd Siân   _____

Wrth gwrs   _____

Dw i'n siwr   _____

Dd. Ei fod e:

Sut mae John yn teimlo? Edrychwch ar y lluniau gyda'ch partner a dwedwch sut mae John yn teimlo.

Dilynwch y patrwm:

Dw i'n credu ei fod e'n hapus

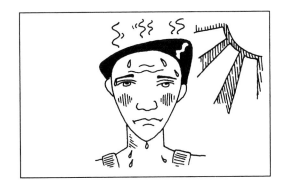

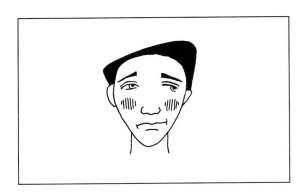

Sut mae Siân yn teimlo?

_____

_____

* crac - *angry*

_____

_____

_____

_____

F.   Dyfalu Oedran (*Guessing the age*):

Mae pawb yn y dosbarth yn cael pen-blwydd yr wythnos yma! Ewch o gwmpas y dosbarth yn holi faint ydy oedran pawb. Does dim rhaid i chi ddweud y gwir (*truth*).

Faint ydy'ch oedran chi? / Faint ydy dy oedran di?

Enw	Oedran yn ôl X	Oedran yn eich barn (*opinion*) chi

Nawr, adroddwch yn ôl. Y patrwm (*pattern*) ydy:

Dwedodd X ei fod e/ei bod hi'n _____ oed.

Dw i'n cytuno / Dw i'n credu ei fod e/ei bod hi'n _____ oed.

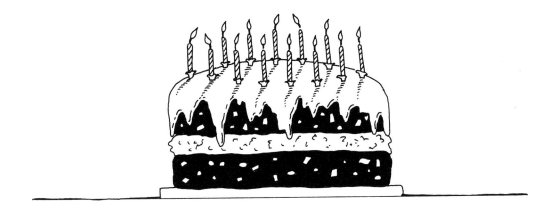

193

Ff. Gyda'ch partner, unwch (*join up*) ddau hanner y frawddeg i wneud un frawddeg. Dilynwch y patrwm:

Dw i'n credu   **+**   Mae hi'n mynd i ffonio

    Dw i'n credu ei bod hi'n mynd i ffonio

Dwedodd Siân   Rwyt ti wedi cael swydd newydd

_____

Maen nhw'n gobeithio   Mae John yn y tîm

_____

Dw i'n gobeithio   Dw i'n gallu mynd ar y bws

_____

Dwedodd yr athro   Mae e'n gweithio'n dda

_____

Maen nhw'n dweud   Maen nhw'n hapus

_____

Dw i'n credu   Mae Siân yn oer

_____

Dw i'n siwr   Dyn ni'n mynd allan nos Sadwrn

_____

Dw i'n sicr   Roedd hi'n oer

_____

194

Dw i'n gwybod fy mod i -

I know that I am
I know that I was

Does dim gwahaniaeth rhwng y presennol a'r amherffaith. Dyn ni'n gwybod fel arfer o'r cyd-destun.

There is no difference between the present and imperfect (roedd etc). We usually know which is meant due to the context.

G.

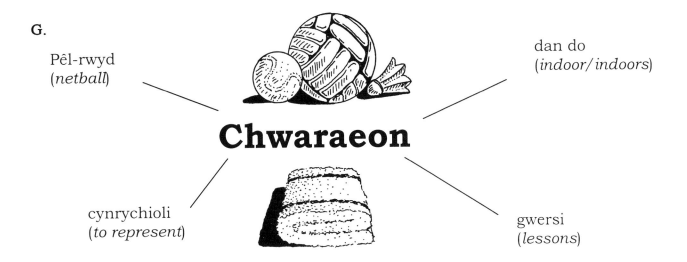

Pêl-rwyd
(*netball*)

dan do
(*indoor/indoors*)

Chwaraeon

cynrychioli
(*to represent*)

gwersi
(*lessons*)

Cwestiynau posibl:

Dych chi'n cymryd rhan mewn unrhyw chwaraeon nawr?
O'ch chi'n arfer cymryd rhan mewn chwaraeon?
Dych chi'n mwynhau gwylio chwaraeon?
O'ch chi'n hoffi gwersi chwaraeon pan o'ch chi yn yr ysgol?
Gawsoch chi eich dewis i gynrychioli'r ysgol mewn unrhyw chwaraeon?
Oes gormod (*too much*) o chwaraeon ar y teledu?
Dych chi'n mwynhau chwaraeon tîm neu chwaraeon unigol (*individual*)?

RE CAP

1. **Dych chi wedi dysgu:**

   1) Dyn ni'n defnyddio 'bod' ar ôl:

      meddwl   fallai
      credu   wrth gwrs
      gwybod   er
      gobeithio
      dweud
      clywed
      siwr
      sicr
      balch
      mae'n flin gyda fi

   2) fy mod i
      dy fod ti
      ei fod e
      ei bod hi
      ein bod ni
      eich bod chi
      eu bod nhw

2. **Geirfa:**

celwydd (g)	*lie*
croesair (g)	*crossword*
gwir (g)	*truth*
oedran (g)	*age*
salwch (g)	*illness*
barn (b)	*opinion*
gwers (b)	*lesson*
ŵyr (g)	*grandson*
wyres (b)	*grand-daughter*
wyrion (ll)	*grand-children*
colli	*to lose, to miss*
credu	*meddwl, to believe*
cynrychioli	*to represent*
gobeithio	*to hope*
marw	*to die*
treulio	*to spend (amser)*
balch	*glad*
crac	*angry*
sicr	*certain*
siwr	*sure*
talentog	*talented*
dan do	*indoor/indoors*

1. Unwch ddau hanner y frawddeg:

Dw i'n credu   Mae e'n dda

_____

Dw i'n gwybod   Mae'r plant yn dost

_____

Dw i'n siwr   Roedd hi'n bwrw glaw

_____

Dw i'n sicr   Maen nhw yn y tîm

_____

Dw i'n hapus   Dw i'n gallu mynd

_____

Dw i'n drist   Dyn ni'n mynd adre fory

_____

Roedd yn flin gyda fi glywed   Roedd e wedi marw

_____

Wyt ti'n siwr   Rwyt ti'n gwybod yr ateb?

_____

Dych chi'n siwr   Roedd hi'n oer y tro diwetha?

_____

Mae hi'n credu   Dych chi'n dweud celwydd

_____

Mae plant yn credu   Mae Siôn Corn (*Father Christmas*) yn fyw

_____

2.   **Ysgrifennwch tua 50 gair am 'chwaraeon'. Defnyddiwch ddarn arall o bapur.**

3. Darllen a Deall

Mae papur bro (*local*) mewn llawer o ardaloedd yng Nghymru. Gofynnwch i'ch tiwtor am eich papur bro chi. Mae'r papur bro yn llongyfarch (*congratulate*) ac yn cydymdeimlo (*sympathise*) â phobl leol. Darllenwch y darnau a llenwch y grid.

1. LLONGYFARCH
Llongyfarchiadau i Mrs Winnie Johnson, Churchill Way ar gyrraedd pen-blwydd arbennig iawn ar Ebrill 7fed. Treuliodd y diwrnod gyda'i mab Kevin a'i wraig Louise a'i hwyrion.

2. CYDYMDEIMLO
Rydyn ni'n cydymdeimlo â Jac a Debbie Thomas, Gethin a Nia, Heol y Parc ar ôl colli dau aelod o'r teulu yn ddiweddar. Bu farw mam Jac a chwaer Debbie y mis diwetha.

3. SALWCH
Mae cefn tost iawn gyda Mair Williams, Pant-y-Ffynnon. Mae hi'n weithgar iawn yn y pentref fel arfer ac felly mae pawb yn gweld ei heisiau hi.

4. EISTEDDFOD Y SIR
Llongyfarchiadau i Siân Williams, Llety'r Eos, am ddod yn gyntaf yn yr unawd alaw werin dan 12 oed yn Eisteddfod Sir yr Urdd ym Mhorthcawl y mis diwetha. Bydd Siân nawr yn mynd ymlaen i Eisteddfod Genedlaethol yr Urdd. Pob lwc iddi hi.

5. LLONGYFARCHIADAU
Mae Lilian ac Albert Griffiths, Pentyrch, yn Dad-cu a Mam-gu. Cyrhaeddodd Steffan Rhys ar Ebrill 10fed yn pwyso 7 pwys a 7 owns. Llongyfarchiadau!

	Pwy?	Pam?	Byw?
1.			
2.			
3.			
4.			
5.			

4. Nodwch bum gair/ymadrodd defnyddiol o'r uned.

un _____

dau _____

tri _____

pedwar _____

pump _____

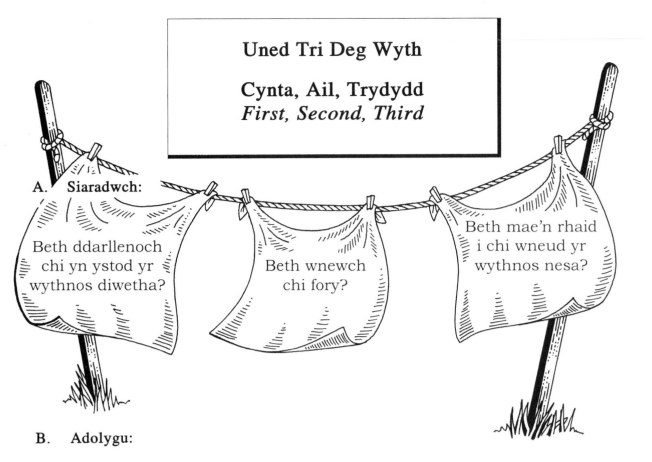

A.   Siaradwch:

Beth ddarllenoch chi yn ystod yr wythnos diwetha?

Beth wnewch chi fory?

Beth mae'n rhaid i chi wneud yr wythnos nesa?

B.   Adolygu:

Ar yr ochr chwith, mae rhestr o lyfrau, ffilmiau a phobl enwog (*famous*). Ar yr ochr dde, mae ansoddeiriau. Gyda'ch partner, tynnwch linell (*draw a line*) rhwng enw ac ansoddair. Wedyn, ysgrifennwch frawddegau, e.e.   Dyn ni'n meddwl bod Winnie the Pooh yn blentynnaidd.

Harry Potter	plentynnaidd
War and Peace	araf
Winnie the Pooh	talentog
Jaws	cyflym
Sound of Music	trist
102 Dalmations	diflas
Gladiator	gwreiddiol
Colin Jackson	gwych
Catherine Zeta Jones	hyfryd
Michael Owen	arbennig
Charlotte Church	ofnadwy

Eich brawddegau chi:

1. _____

2. _____

3. _____

4. _____

5. _____

6. _____

7. _____

8. _____

9. _____

10. _____

11. _____

Gyda'ch tiwtor a gyda'ch partner, newidiwch y geiriau sy wedi'u tanlinellu:

Dw i'n gwybod bydda i <u>yn y tŷ</u> heno

Dw i'n gwybod bydd <u>e</u>'n mynd i gwyno (*to complain*)

Dw i'n credu dylwn i newid fy <u>swydd</u>

Dw i'n credu dylet <u>ti</u> ymddeol

Dyn ni'n defnyddio 'bod' yn y presennol a'r amherffaith.
We only use 'bod' with the present and imperfect (roedd)
tenses:

Dw i'n credu ei bod hi'n bwrw glaw -
I think it is raining/I think it was raining

Dyn ni ddim yn defnyddio 'bod' gyda'r dyfodol na'r amodol (baswn, dylwn etc).
We do not use 'bod' with the future or with conditional (baswn, dylwn etc):

Dwedodd e basai fe'n dod
Dw i'n credu bydd hi'n bwrw glaw

Gyda'ch partner, unwch broblem ac ateb. Wedyn cuddiwch (*hide*) yr atebion a cheisiwch (*try*) eu cofio nhw.

Mae pen tost gyda fi	Dw i'n meddwl dylech chi brynu'r Western Mail dydd Iau
Dydy fy nghariad ddim yn siarad â fi	Dw i'n meddwl dylech chi fod yn fwy gofalus
Dw i wedi colli fy swydd	Dw i'n meddwl dylech chi fynd i'r banc
Dw i eisiau ymarfer fy Nghymraeg	Dw i'n meddwl dylech chi fynd adre'n gynnar
Dw i wedi colli fy ffôn	Dw i'n meddwl dylech chi dacluso
Dw i wedi blino	Dw i'n meddwl dylech chi eu dyfrio (*water*) nhw
Mae'r blodau'n marw	Dw i'n meddwl dylech chi recordio'r gêm
Mae ffrindiau'n galw heno	Dw i'n meddwl dylech chi brynu blodau
Does dim arian gyda fi	Dw i'n meddwl dylech chi fynd i'r gwely'n gynnar
Bydda i'n colli'r bêl-droed	Dw i'n meddwl dylech chi fynd i Sadwrn Siarad

C. Cynta, ail, trydydd (*1ˢᵗ, 2ⁿᵈ, 3ʳᵈ*):

Dysgwch:

y car cynta	y flwyddyn gynta
yr ail gar	yr ail flwyddyn
y trydydd car	y drydedd flwyddyn
y pedwerydd car	y bedwaredd flwyddyn
y pumed car	y bumed flwyddyn

a) Mae dwy ffurf yn wahanol yn y gwrywaidd a'r benywaidd:
Third and fourth have masculine and feminine forms:

trydydd (g) / trydedd (b)
pedwerydd (g) / pedwaredd (b)

b) Mae treiglad meddal gyda ffurfiau benywaidd (*feminine forms*):

y drydedd ferch
y bumed ferch

Gyda'ch tiwtor a gyda'ch partner, newidiwch y geiriau sy wedi'u tanlinellu:

Escort oedd fy nghar cynta i

Gweithio mewn siop oedd fy swydd gynta

Dechreuais i fy ail swydd yn 1985

Dw i'n byw yn fy nhrydydd tŷ nawr

Edrychwch ar un o'r amserlenni (*timetables*) isod. Bydd eich partner yn edrych ar yr amserlen arall. Dylech chi guddio (*hide*) yr amserlen dych chi ddim yn edrych arni. Llenwch y bylchau (*fill in the gaps*) yn eich amserlen chi trwy ofyn cwestiynau i'ch partner, e.e.

Faint o'r gloch mae'r trydydd trên yn mynd i ___Benarth?___

PARTNER A

	Trên 1	Trên 2	Trên 3	Trên 4
Penarth		9.45 am		1.25 pm
Abertawe	7.15 am		11.10 am	
Llanelli		11.50 am		4.20 pm
Caerfyrddin	10.30 am		1.55 pm	
Llundain		9.40 am		3.25 pm

PARTNER B

	Trên 1	Trên 2	Trên 3	Trên 4
Penarth	6.40 am		10.10 am	
Abertawe		8.20 am		12.30 pm
Llanelli	9.15 am		2.35 pm	
Caerfyrddin		12.15 pm		5.40 pm
Llundain	6.00 am		11.30 am	

Ch. Cyfrif (*counting*):

I ddysgu'r dyddiad, rhaid i chi ddysgu cyfrif (*to count*) i 31 yn y ffordd draddodiadol (*traditional*). Does dim problem o 1 - 10 wrth gwrs.

Dysgwch:

A does dim problem ar ôl ugain:

Gyda'ch partner, a heb edrych yn ôl, atebwch y cwestiynau isod trwy ysgrifennu rhif yn y ffordd draddodiadol:

Faint o chwaraewyr sy mewn tîm rygbi? _____

Faint o chwaraewyr sy mewn tîm pel-droed? _____

Sawl diwrnod (dydd) sy ym mis Medi? _____

Sawl diwrnod sy ym mis Ionawr? _____

Sawl llythyren (*letter*) sy yn yr wyddor
(a, b, c) Gymraeg? _____

Ch. Y Dyddiad (*The date*):

Dysgwch y dyddiadau pwysig (*important*) i chi a defnyddiwch y siart i'ch helpu chi gyda dyddiadau eraill.

LLUN	MAWRTH	MERCHER	IAU	GWENER	SADWRN	SUL
1af cyntaf	2ail ail	3ydd trydydd	4ydd pedwerydd	5ed pumed	6ed chweched	7fed seithfed
8fed wythfed	9fed nawfed	10fed degfed	11eg unfed ar ddeg	12fed deuddegfed	13eg trydydd ar ddeg	14eg pedwerydd ar ddeg
15fed pymthegfed	16eg unfed ar bymtheg	17eg ail ar bymtheg	18fed deunawfed	19eg pedwerydd ar bymtheg	20fed ugeinfed	21ain unfed ar hugain
22ain ail ar hugain	23ain trydydd ar hugain	24ain pedwerydd ar hugain	25ain pumed ar hugain	26ain chweched ar hugain	27ain seithfed ar hugain	28ain wythfed ar hugain
29ain nawfed ar hugain	30ain degfed ar hugain	31ain unfed ar ddeg ar hugain				

Patrwm:

y cyntaf o Chwefror

y chweched o Fai

yr unfed ar hugain o Dachwedd

Gyda'ch partner, ysgrifennwch yr ateb:

Pryd mae Dydd Gŵyl Dewi?

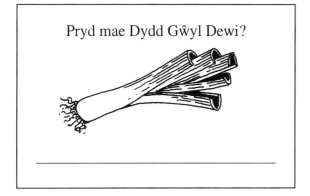

Pryd mae Dydd Ffŵl Ebrill?

Pryd mae Dydd Nadolig?

Pryd mae Nos Galan?

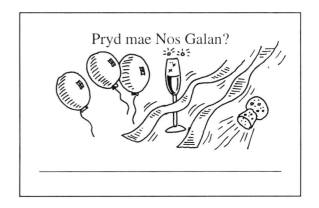

Pryd mae Dydd Ffolant?

Pryd mae Calan Gaeaf?

D. Penblwyddi:

Pryd mae'ch pen-blwydd chi?

Mae fy mhen-blwydd i ar y pedwerydd ar bymtheg o Awst.

Gofynnwch i bawb yn y dosbarth pryd mae eu pen-blwydd nhw:

Ionawr   Chwefror   Mawrth   Ebrill

Enw	Pen-blwydd

Rhagfyr — Mai

Tachwedd — Mehefin

Hydref   Medi   Awst   Gorffennaf

Dd. Atebion:

Tynnwch linell rhwng y cwestiwn a'r ateb cywir (*correct*):

Oes brawd gyda chi?	Gwnaf
Ddarllenoch chi'r papur ddoe?	Ydyn
Fydd hi'n oer?	Ydyn
Fasech chi'n newid eich enw?	Oes
Welwch chi Siôn?	Bydd
O'ch chi'n gwybod?	Efallai
Dych chi wedi bod i Sbaen?	Do
Ydy'r plant yn cysgu?	Do
Allai fe redeg milltir?	O'n
Dalon nhw?	Baswn

207

E. Gêm Fwrdd:

Chwaraewch y gêm mewn grwpiau o dri. Os byddwch chi'n glanio (*to land*) ar sgwâr, rhaid i chi siarad am un funud. Yna, bydd aelodau eraill y grŵp yn gofyn cwestiwn ar yr un thema.

DECHRAU 1	Oes car gyda chi? 2	Beth fyddwch chi'n wneud fory? 3	Beth fasech chi'n wneud tasech chi'n ennill y loteri? 4	Beth wnewch chi ar ôl y dosbarth? 5
Oes uchelgais (*ambition*) arbennig gyda chi? 10	Fyddwch chi'n mynd ar wyliau eleni? 9	Pa fwyd dych chi ddim yn hoffi? 8	Beth weloch chi ar y teledu yr wythnos diwetha? 7	Oes teulu gyda chi tramor (*abroad*)? 6
Ble ro'ch chi'n byw bymtheg mlynedd yn ôl? 11	Pwy ydy'r person hena yn eich teulu chi? 12	Disgrifiwch eich cymdogion (*neighbours*) 13	Dych chi'n hoffi chwaraeon? 14	Hoffech chi fynd i Awstralia? 15
Beth o'ch chi'n hoffi pan o'ch chi'n blentyn? 20	Beth wnaethoch chi nos Sadwrn diwetha? 19	Disgrifiwch eich dydd Sul arferol (*usual*) 18	Dych chi'n prynu papur newydd? 17	Pa ffilm weloch chi yn y sinema ddiwetha? 16
Fyddwch chi'n mynd i'r capel neu'r eglwys dydd Sul? 21	Oes anifeiliaid gyda chi? 22	Ble ro'ch chi am bump o'r gloch ddoe? 23	Disgrifiwch eich cartre (*home*) 24	Beth oedd rhaid i chi wneud ddoe? 25
DIWEDD 30	Dych chi'n darllen llyfr ar y foment? 29	Dych chi'n cofio ble clywoch chi Gymraeg am y tro cyntaf (*first time*)? 28	Beth ydy'r peth mwya anodd (*difficult*) yn Gymraeg? 27	Ble cawsoch chi eich magu? 26

208

Nawr, atebwch:

Ddarllenwch chi'r papur fory? _____

Fasech chi'n mynd i brotest? _____

Fyddwch chi yn y tŷ nos fory? _____

Allech chi nofio can metr? _____

Ydy hi'n sych ar y foment? _____

Oedd y rhaglen yn dda? _____

Aethoch chi allan neithiwr? _____

Gaf i helpu? _____

Oes cyfarfod gyda chi fory? _____

Brynoch chi rywbeth ddoe? _____

F.   Siaradwch:

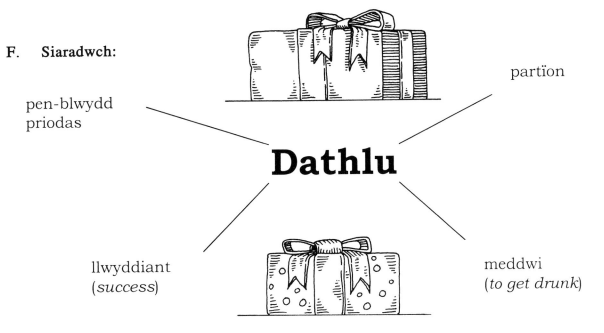

pen-blwydd
priodas

partïon

Dathlu

llwyddiant
(*success*)

meddwi
(*to get drunk*)

Cwestiynau posibl:

Dych chi'n mwynhau dathlu? Beth? Sut?
Pryd dathloch chi ddiwetha?
Dych chi'n dathlu llwyddiant - swydd newydd, pasio arholiad, pasio prawf gyrru?
Sut byddwch chi'n dathlu eich pen-blwydd nesa?
Sut dych chi'n dathlu'r flwyddyn newydd fel arfer?
Ydy partïon pen-blwydd plant wedi newid dros y blynyddoedd?

RE CAP

1. **Dych chi wedi dysgu:**

    1) | cynta | cynta |
       |-------|-------|
       | ail | ail |
       | trydydd | trydedd |
       | pedwerydd | pedwaredd |
       | pumed | pumed |

    2) Cyfrif o 1 i 31 yn y dull traddodiadol (*counting from 1 to 31 in the traditional way*)

    3) Y dyddiad

2. **Geirfa:**

cyflog (g)	*salary*
dyddiad (g)	*date*
llwyddiant (g)	*success*
pennaeth (g)	*head, boss*
uchelgais (g)	*ambition*
amserlen (b)	*timetable*
hysbyseb (b)	*advertisement*
rheolwr/aig	*manager*
cuddio	*to hide*
cwyno	*to complain*
cyfrif	*to count*
dyfrio	*to water*
ystyried	*to consider*
anodd	*difficult*
arferol	*usual*
enwog	*famous*
pwysig	*important*
traddodiadol	*traditional*

1. Atebwch y cwestiynau:

Pryd mae'ch pen-blwydd chi? _____

Pryd mae pen-blwydd eich ffrind gorau chi? _____

Beth ydy'r dyddiad heddiw? _____

Beth fydd y dyddiad wythnos i heddiw? _____

Pryd mae Dydd San Steffan (Rhagfyr 26)? _____

Pryd mae Noswyl Nadolig (Rhagfyr 24)? _____

Pryd mae Noson Tân Gwyllt (Tachwedd 5)? _____

2. Ysgrifennwch tua 50 gair am 'ddathlu'. Defnyddiwch ddarn arall o bapur.

3. Darllen a Deall

Darllenwch yr hysbyseb (*advertisement*) am swydd yng Nghanolfan Hamdden Llanaber ac wedyn darllenwch y tri llythyr cais.

YR HYSBYSEB:

CANOLFAN HAMDDEN
LLANABER
YN EISIAU: RHEOLWR/WRAIG

Mae eisiau person bywiog a gweithgar sy'n hoffi chwaraeon a chadw'n heini. Dylai fod profiad gyda hi/fe o reoli ac, os yn bosibl, o weithio gyda phobl ifanc:

Cyflog: £25,000 y flwyddyn

Ysgrifennwch, gyda CV llawn at:
Pennaeth Gwasanaethau Hamdden, Cyngor Dosbarth Clynwen

Llythyr 1

Maes yr Arfau
Pendalar

Annwyl Syr/Fadam

Rheolwr/wraig Canolfan Hamdden Llanaber

Gwelais i eich hysbyseb chi yn y <u>Western Mail.</u> Dw i wedi bod yn chwilio am swydd fel Rheolwr Canolfan Hamdden ers blynyddoedd. Ugain mlynedd yn ôl es i ar gwrs i ddysgu bod yn rheolwr, ond torrais i fy nghoes a dw i ddim wedi gweithio ers hynny. Ond nawr dw i'n well a dw i'n credu fy mod i'n ddigon ffit i wneud y gwaith.

Gobeithio byddwch chi'n ystyried fy nghais.

Yn gywir,

S. Tibbs

Llythyr 2

Llain-hir
Carrog

Annwyl Syr/Fadam

Darllenais i eich hysbyseb yn y <u>Western Mail</u> am swydd Rheolwr Canolfan Hamdden Llanaber. Dw i'n ddeunaw oed - gadawais i'r ysgol yr haf diwetha. Mae diddordeb gyda fi mewn chwaraeon a chadw'n heini. Fi oedd capten tîm pêl-rwyd a thîm hoci Ysgol Carrog a dw i wedi rhedeg yn hanner marathon Caerdydd ac ym marathon Llundain.

Mae profiad o reoli gyda fi trwy fod yn gapten ar y timau hoci a phêl-rwyd.

Yn gywir,

Melanie Morgan

Llythyr 3

Llety'r Bugail
Maen Clochog

Annwyl Syr/Fadam

Rheolwr/wraig Canolfan Hamdden Llanaber

Dw i'n ysgrifennu i wneud cais am y swydd uchod oedd yn y papur yn ddiweddar.

Dw i'n ddeg ar hugain ac yn gweithio ar y foment fel athro chwaraeon ac ymarfer corff yn Ysgol Sant Illtud, Maen Clochog. Mae diddordeb gyda fi mewn chwaraeon a chadw'n heini. Dw i'n rhedeg clwb ieuenctid gyda'r nos. Yn ystod fy amser hamdden dw i'n helpu fy nhad gyda'i fusnes. Mae siop chwaraeon gyda fe yn y dre.

Gobeithio byddwch chi'n ystyried fy nghais.

Yn gywir,

Len Churchill

Llenwch y grid:

	cywir (✓)	anghywir (✗)
Roedd yr hysbyseb yn y Western Mail		
Mae S Tibbs yn berson ifanc iawn		
Torrodd S Tibbs ei goes yr wythnos diwetha		
Mae Melanie Morgan yn un deg wyth oed		
Mae Len Churchill yn gapten tîm hoci		
Mae Len yn ddyn busnes		
Mae Melanie yn mynd i glwb ieuenctid		
Mae Len yn athro		
Mae tad Len wedi marw		

un _____

dau _____

tri _____

pedwar _____

pump _____